18.05

BASTEI LÜBBE

Über die Autorin:

Die Journalistin Sabine Jansen-Nöllenburg veröffentlicht in zahlreichen Zeitschriften zu den Themen Frau und Familie. Sie hat bereits mehrere Bücher verfasst. Sabine Jansen-Nöllenburg lebt und arbeitet in Mülheim an der Ruhr.

Sabine Jansen-Nöllenburg

Der Männertest

Mit TÜV-Prüfliste
für das beste Stück
an Ihrer Seite

BASTEI LÜBBE

Bastei Lübbe Taschenbuch
Band 66398

1. Auflage: Januar 2005

Vollständige Taschenbuchausgabe

Bastei Lübbe Taschenbücher ist ein Imprint
der Verlagsgruppe Lübbe

Lizenzausgabe: Verlagsgruppe Lübbe GmbH & Co. KG,
Bergisch Gladbach
Umschlaggestaltung: Bianca Sebastian
Titelbild: Mauritius-Images/Myoka
Satz: EDV-Fotosatz Huber/Verlagsservice G. Pfeifer, Germering
Druck und Verarbeitung: GGP Media GmbH, Pößneck
Printed in Germany
ISBN 3-404-60398-5

Inhalt

Männer – die schönste Nebensache der Welt

Petra stand mit ein paar Freundinnen um einen Stehtisch in ihrem Lieblingslokal. Drei Meter weiter stand Er: dunkelhaarig, interessante Augen, sinnlicher Mund, markantes Kinn, gut durchtrainiert, leicht muskulös, den knackigen Hintern in der engen Jeans und ein schwarzes T-Shirt über dem Waschbrettbauch. Über seinen angenehm breiten Schultern spannte sich ein schickes, gut sitzendes Jackett.

Er lachte viel und schien mit seinen Freunden Spaß zu haben. Gleichzeitig wirkte er selbstbewusst, ruhig und gelassen. Außerdem sah er intelligent aus, das meinte Petra schon an seiner Körpersprache zu erkennen.

Es machte nicht sofort »Klick« in ihrem Hirn, aber nachdem sie ihn eine Weile beobachtet hatte, sah er zurück. Genau in diesem Moment wuchs ihr Interesse an ihm. Und schon war es zu spät. Wofür? Zu spät, um sich von der Idee zu befreien, er müsse ein toller Hecht sein.

Zunächst war alles noch ein Spiel. Sie tauschte einige Blicke mit ihm und stellte Überlegungen an wie: »Wenn ich ihn jetzt anlächle, ob er dann zurück lächelt?« Ihr Kopf senkte sich im scheinbar aufmerksamen Gespräch mit den Freundinnen ein wenig zur Seite, durch das Spiel mit ihren Haaren legte sie ihre Halsschlagader frei, und ihre Hüften wiegten lässig im Takt der Musik. Ihr fröhliches Lachen über die Witze der Freundinnen wurde von einer Sekunde auf die andere um eine Oktave höher.

War das wirklich die toughe, coole, von allen bewunderte Petra? Ja, sie war es, die sich da gerade abmühte, Aufmerksamkeit mit den klassischen Attributen der Weiblichkeit zu erlangen. Irgendwann begab Er sich in ihre Nähe und stellte sich lässig an die Theke, um ein paar Biere für sich und seine Freunde zu bestellen. Ihr Herzschlag ging ein bisschen schneller und sie fragte sich, ob er sie wohl ansprechen würde.

Von da an lief alles, wie es immer läuft. Irgendwann zappelte er an der Angel und Petra ging mit ihm eine Beziehung ein. Und es kam der Tag, an dem sie am Frühstückstisch saß, über den Tisch und die Tageszeitung, die er in der Hand hielt, hinweg einen Blick auf sein schlampiges Äußeres erhaschte, ein Kopfschütteln über seinen Rülpser mit offenem Mund unterdrückte und für sich – an einer Scheibe Toast knabbernd – beschloss: »Den muss ich wieder loswerden!«

Doch wie sollte sie es anfangen? Sie bat ihn, den Zucker herüberzureichen, um seine Aufmerksamkeit zu wecken, und sagte: »Du, ich glaube, wir haben ganz unterschiedliche Vorstellungen vom Leben.« Seine Antwort: »Mmmmh.« Petra erkannte, dass dies wohl nicht ganz der richtige Zeitpunkt für ein Trennungsgespräch war, so zwischen Eiern, Toast und Kaffee, und beschloss, das Gespräch besser vorzubereiten.

Doch wie sie es auch anfing, er begriff es einfach nicht. Als sie ihn anschrie: »Versteh es endlich, ich liebe dich nicht!« fragte er sie einfühlsam, ob sie ihre Tage hätte.

Petra hatte ein Problem. Ein echtes Problem. Ihr fehlte das Know-how fürs Trennen.

Judith lernte Ingo im Büro kennen. Es funkte sofort zwischen ihnen, und ein Traum wurde für sie wahr: Ihr neuer Kollege war groß, schlank, hatte wunderschöne grüne Augen und erwies sich als außerordentlich einfühlsam. Hand in Hand mit ihm durch Felder und Wiesen laufend konnte sie ihm wirklich alles erzählen. Wenn sie abends gemeinsam das Essen zubereiteten, unterhielten sie sich über die Ereignisse im Job, dann sahen sie auf dem Sofa eng aneinandergekuschelt fern, lasen ein Buch oder gingen mit Freunden aus, wobei alle amüsiert feststellten, dass sie sich ja nie aus den Augen ließen und ein echtes Traumpaar seien. Für Judith war diese Zeit der Himmel auf Erden. Was sie am meisten an Ingo liebte, war sein Humor. Kein Mensch hatte sie je zuvor so zum Lachen bringen können.

Eineinhalb Jahre später erwachte Judith eines Morgens aus einem traumlosen Schlaf. Der Kaffee brodelte schon in der Maschine, sie ging ins Bad und sah, laut mit sich selbst redend, in den Spiegel. Sie erkannte sich kaum wieder. War das noch Judith, die Frau mit den glänzenden Augen und dem fröhlichen Lachen? Ihre Mundwinkel zogen sich nach unten, und unter ihren Augen lagen die tiefen Schatten. Vor sich sah sie eine frustrierte Frau, die sich nach Aufmerksamkeit sehnte. Sie duschte, zog sich an und setzte sich an ihren Schreibtisch. Seufzend öffnete sie ihr Tagebuch und las die Eintragungen der letzten Tage. Viel zu lesen gab es da nicht: »Ingo kam von der Arbeit nach Hause, fragte, ob das Essen fertig sei. Ich kochte Nudeln mit Tomatensauce. Ingo ging schlafen und schnarchte laut. Er hatte einen anstrengenden Tag. Ich schaute einen Krimi. Tante Hedwig rief noch an. Erzählte, dass Onkel Franz mit seiner zwanzig Jahre jüngeren Sekretärin durchgebrannt sei. Drei Hemden gebügelt und ins Bett gegangen. 21.30 Uhr.«

Angewidert schüttelte sie sich. »Das mache ich nicht mehr mit«, schrieb sie. »Es muss noch ein Leben vor dem Tod geben. Ich liebe Ingo und will, dass alles so wird, wie es einmal war. Ich werde alles dafür tun, dass er wieder mit mir redet und lacht. Er soll endlich wieder merken, dass ich auch noch da bin und nicht zum Inventar gehöre!«, notierte sie und nagte immer wieder gedankenverloren am Kugelschreiber. Doch wie sollte Judith den desinteressierten Ingo, der nur noch für seinen Job lebte, wieder zu dem liebenswerten Partner machen, der ihr Leben so bereichert hatte?

Sie ging zum Friseur, kaufte sich neue Dessous und Ingo fragte sie wie immer: »Ist das Essen fertig?«

»Fällt dir nichts auf, Schatz?« Erwartungsvoll sah Judith ihren Ingo an. »Doch, du hast das Salz vergessen!«, antwortete er genervt.

Ihr fiel partout nichts mehr ein. Was ihr fehlte, war eine durchschlagende Strategie zum Ändern ihres Mannes.

Nicht ganz so erging es Uschi. Er war ein ganz normaler Kollege, der ihr zuvor nie aufgefallen war. Doch eines Tages hatte sie dummerweise einen Auftrag versiebt, ihr Chef hatte sie aufs Schärfste zurechtgestutzt und ihr den guten Rat gegeben, das »Ding« innerhalb kürzester Zeit wieder hinzubiegen. Sie hatte aber keine Ahnung davon, wie sie das bewerkstelligen sollte und saß schniefend vor ihrem Computer.

Da kam Hansi in ihr Büro, mittelgroß, mit schon etwas lichtem, mausgrauem Haar, kleinem, wenn auch nicht auffallendem Bauchansatz und von Kopf bis Fuß in immer dem gleichen Beige gekleidet. Er erwies sich plötzlich als sensibel, einfühlsam und vor allen Dingen als enorm hilfsbereit. Er reichte ihr sein blütenweißes, blau umrandetes Stofftaschentuch, das mit seinen Initialen versehen war, strich ihr zärtlich und verständnisvoll schnell und behutsam übers Haar, erkannte zu ihrer Überraschung ohne lange Erklärungen das Problem und sagte mit sanfter Stimme: »Ich habe doch noch Zeit heute Abend. Ich helfe Ihnen. Wir schaukeln das Kind schon. Keine Angst, verlassen Sie sich voll auf mich!«

Ganz ehrlich, welche Frau wünscht sich nicht jemanden, auf den sie sich in allen Lebenslagen verlassen kann. Gewisse ritterliche Aspekte rühren nach wie vor an unser Herz. Solche Männer könnten im Verborgenen durchaus ihre Qualitäten haben. Aber wir sollten die Story der Titanic nicht vergessen, in der Leonardo di Caprio in jeder noch so prekären Situation herzerweichend säuselt: »Verlass dich auf mich. Verlass dich auf mich ...« Zum Dahinschmelzen. Und dennoch war er, typisch Mann, nicht ganz so verlässlich, wie er seiner Angebeteten vermitteln wollte. Wäre er ansonsten im kalten Wasser einfach gestorben?

Doch zurück zu Uschis Bürogeschichte. Er, Hansi, kompetent, edel, hilfreich und gut, löste ihr Problem. Dies führte dazu, dass sie ihn wie aus heiterem Himmel mit ganz anderen Augen sah und begann, ihn richtig gern zu haben. Irgendwann, nachdem sie sich schon mehrfach mit ihm verabredet hatte, er schon von Zukunftsplänen sprach, sie seiner Mutter vorstellen wollte und der nächste Urlaub gemeinsam gebucht worden war, musste sie feststellen, dass er eigentlich eine graue Maus und sie in eine Sache hineingerutscht war, aus der sie nicht heraus wusste.

Uschi erklärte ihm immer öfter, dass sie keine Zeit für gemeinsame Treffen hätte, bis seine Mutter sie anrief und nachfragte, was sie denn mit ihrem Sohn anstellen würde, dass er so unglücklich wäre. Entnervt und ratlos fuhr Uschi mit ihm in die wohlverdienten Ferien, feierte, was das Zeug hielt, bändelte vor seinen Augen mit einem Animateur an und kränkte Hansi so sehr, dass er kuriert war.

Das war vielleicht nicht die feine englische Art, aber eine sehr wirkungsvolle Methode. Er hatte begriffen, dass Uschi doch nicht zu ihm passte und kümmert sich nun wieder mehr um seine Mutter, womit allen geholfen ist.

Was haben Uschi, Judith und Petra gemeinsam? Sie hatten das gleiche Problem. Sie mussten irgendwann feststellen, dass sich ihr Prinz, schneller als sie es jemals gedacht hätten, in einen Frosch verwandelt hatte und sie keine Lust mehr auf Froschküsse verspürten. Denn diese Situation lässt nur zwei Konsequenzen zu: Entweder lohnt sich die Anstrengung, den Mann mit begrenztem Aufwand zu ändern und so wieder einen Prinzen aus ihm zu machen. Oder er muss wieder dahin, wo er hingehört: in den Teich.

Doch solche Irrtümer lassen sich unter Umständen im Vorfeld vermeiden, wenn eine Frau durchschaut, mit wem sie es zu tun hat. Außerdem gibt es passend zu allen handelsüblichen Männer- bzw. Froschtypen eine Vielfalt von Tricks, mit denen man sie mehr oder weniger elegant, aber auf jeden Fall erfolgreich manipulieren oder wieder zurück auf die Wasserrose setzen kann. Natürlich gibt es kein Patentrezept – aber die Alternative, den Mann, der einem gehörig auf die Nerven fällt, entweder mit Humor umzuerziehen oder sich von ihm zu lösen.

Wollen Sie erfahren, wie ein bestimmter Mann »tickt«, haben Sie zwei Möglichkeiten, ihn in diesem Buch zu finden: Im Inhaltsverzeichnis sind alle Typen in handhabbare Kategorien geordnet aufgeführt. Sie können aber auch über das Schnelltest-Register gehen, das es Ihnen ermöglicht, Ihr Testobjekt über seine Eigenschaften, Vorlieben und Interessen ausfindig zu machen. Und nun munter drauflos!

Muskelprotze und Hühnerbrüste

Die einen arbeiten kräftig an ihrem Äußeren. Die anderen auch, nur merkt man das nicht so direkt, und ob Frauen sie gern ansehen, kommt stark auf deren persönliche Einstellung ein. Beleuchten wir die Männer dieser Kategorie einmal etwas genauer.

Der immer Aktive

Meist hat dieser »Schnucki« einen ansehnlichen Körperbau und eine »natürliche« Muskelausprägung, bei deren Betrachtung, sollte sein Kopf nicht gar zu unansehnlich sein, so mancher Frau das Wasser im Mund zusammenläuft. Bei diesem Typ handelt es sich meist um zumindest durchschnittlich intelligente Männer, so dass die Frauen nach dem Genuss ihres Anblicks auch nicht das Grausen packt, sobald sie den Mund aufmachen.

Nennen Sie so ein Musterstück Ihr Eigen, wird Ihnen wahrscheinlich bald jedes sehnsuchtsvolle Seufzen vergehen. Denn dieser Mann hat in der Regel kaum Zeit für Sie, es sei denn, Sie sind selbst extrem sportlich und haben den Ehrgeiz, immer atemlos und am Rande des körperlichen Zusammenbruchs hinter ihm her zu hechten.

Sport ist und bleibt, damit sollten Sie sich abfinden, sein Leben, das Sie nur am Rande begleiten können. Gehören Sie zu den Frauen, die nichts mehr schätzen, als sich nach der Arbeit mit einem guten Buch oder der Fernbedienung in der Hand auf dem Sofa zu rekeln, Pralinen zu essen oder Chips zu knabbern, vielleicht sogar Zigaretten zu rauchen, bis die Bronchien quietschen und sich gern auch einmal ein Glas Wein gönnen, so könnten sich im Zusammenleben mit ihm Schwierigkeiten ergeben.

Es gibt kaum eine Sportart, die er nicht beherrscht. Aus diesem Grund schätzt er auch eine gesunde Lebensführung und hat für Ihre Vorlieben wahrscheinlich nur sportlich-kluge Vorträge über eine asketisch reine Ernährung parat.

Selbst wenn Sie nackt vor ihm herumhüpfen, wird er sich in neunzig Prozent der Fälle seinem Heimtrainer oder der Sportschau zuwenden. Meist ist so ein Verhalten nur ein Ablenkungsmanöver dafür, dass er nach seinen extremen Sportaktivitäten viel zu erschöpft für Sex ist. Da fragt man sich als Frau doch hin und wieder, was man denn von so einem begehrlichen Objekt hat, das sich lieber anderen erschöpfenden Dingen wie Drachenfliegen oder Squash widmet.

Sie werden schnell erkennen, dass das Leben mit ihm nicht viel anders ist als das des sprichwörtlichen Esels, wobei Sie der Esel sind, der läuft, weil ihm eine Möhre vor der Nase herumbaumelt, die immer ein Stückchen zu weit weg ist, als dass er sie erreichen könnte. Generell hat der immer Aktive aber den Vorteil, dass er Sie in Ruhe lässt, solange Sie nicht zu viel seiner wichtigen Zeit beanspruchen.

1. Sportlich ändern

Lenken Sie seine sportlichen Aktivitäten auf Aktionen, die Ihnen beiden Spaß machen. Unter der Dusche im Squashcenter lässt es sich zum Beispiel herrlich kuscheln. Um mehr Zeit mit ihm zu verbringen, könnten Sie auch mit ihm joggen gehen. Suchen Sie eine mehr oder weniger kreisförmige Strecke aus. Selbst wenn er schneller läuft als Sie, werden Sie sich auf ihr immer wieder begegnen, und Sie können sich, sollte er Ihren Blicken entschwunden sein, auf einer Parkbank ein Verschnaufpäuschen gönnen. Ihr Tempo werden Sie zwar so nicht steigern, sicher aber Ihre gute Laune.

2. Bewundernd trennen

Männer können nörgelnde Frauen nicht leiden. Sportbegeisterte Männer fürchten sich vor Frauen, die im Kreise ihrer durchtrainierten Freunde angeödet das Statement abgeben »Sport ist Mord«.

Wenn dies nicht hilft, beschleunigen Sie den Trennungsprozess mit dem gegenteiligen Verhalten, nämlich, indem Sie Ihren Partner zu sportlichen Exzessen motivieren, denen kein Organismus lange Stand halten kann. Vergessen Sie nicht, ihn immer wieder anzufeuern und ihn wissen zu lassen, wie sehr Sie ihn bewundern. Das wird ihn erstaunen, und zunächst wird er hoffen, Sie entwickelten sich gerade zur der ebenbürtigen, immer aktiven Partnerin, die er sich zumindest manchmal gewünscht hat.

Suchen Sie nun einen Extremsportler aus, den Sie Ihrem Bis-dahin-Freund bei jeder passenden und unpassenden Gelegenheit als leuchtendes Vorbild vor Augen halten. Besuchen Sie mit ihm Diavorträge, sehen Sie mit ihm jeden Fernsehfilm über das neue Idol und sagen Sie ihm dabei etwas Liebes, zum Beispiel: »Einen Achttausender wirst du doch wohl auch schaffen?« oder »Siehst du, wenn du deinen Sport wirklich ernst nimmst, ist für eine Beziehung in deinem Leben gar kein Platz.« Schenken Sie ihm Poster des

Vorbild-Sportlers und sprechen Sie ihn immer öfter mit dessen Vornamen an. Ihr Freund wird sich schnell eine neue Freundin suchen, eine wie Sie, die lieber auf der Couch liegt, als ihn in den Herzinfarkt zu treiben.

Der Fußballfan

Meinem Sohn zuliebe habe ich mir jahrelang auf zig Fußballplätzen bei Wind und Wetter die Beine in den Bauch gestanden. Um vor Langeweile nicht zu sterben, lernte ich mit viel Mühe die wichtigsten Regeln und beobachtete die Menschen um mich herum. Heute würde ich jeder Frau, die an einen Fußballer gerät, empfehlen, sich seinen Verein bzw. dessen Mitglieder genau anzusehen, bevor sie sich näher mit ihm einlässt.

Bei einem eingefleischten Fußballfan müssen Sie damit leben, dass er gern grölt und zu einem saloppen Umgangston neigt, etwa in Äußerungen wie: »Tor, Tor! Hau der Sau die Beine weg! Alles Graupen hier! So 'ne Scheiße, ihr faulen Säcke, lauft, lauft!« Insbesondere wenn Sie sich zuvor mit einem Sensibelchen abgegeben haben, wird Ihnen seine »natürliche« und ungezwungene Art und seine Fähigkeit, richtig zuzupacken, zunächst wohl gefallen. Auch wird er nicht gleich in Tränen ausbrechen, wenn Sie sich mit ihm streiten, sondern viel Spaß daran haben, die Nachbarn damit zu unterhalten, dass er Ihnen lautstark antworten kann.

Da er sich aber überall, nicht nur daheim, wie auf dem Fußballplatz benehmen wird, könnte Ihnen seine »Offenheit«, mit der er alle Dinge betrachtet, und seine enorme Herzlichkeit im Umgang mit anderen Menschen möglicherweise den einen oder anderen Kummer bereiten. Auf der

Hochzeitsfeier Ihrer besten Freundin läuft er mit einem kleinen Transistorradio unter dem Arm ein, weil er zwischendurch die Fußballergebnisse hören muss, und zwickt jedem zweiten weiblichen Gast in den Po, denn da ist ja nichts dabei und man muss ja auch einmal fröhlich sein. Zu vorgerückter Stunde wird er garantiert all die netten Leute zu einem gemeinsamen Liedchen anregen wie »Wir sind die Champions« oder »Die Hände zum Himmel und lasst uns fröhlich sein« oder was gerade sonst so an stimmungsvollen Songs die deutschen Charts hinaufklettert.

Sein Verhalten wird Ihnen auf die Dauer peinlich. Sie wollen Ihre schicken Klamotten nicht in die hinterste Schrankecke verdrängen, nur um Trainingsanzüge und Trikots nach vorn zu hängen. Und Sie wollen auch nicht in Kauf nehmen, im Zuge Ihrer Anpassung an Ihren Fußballfreund all Ihre Freunde zu verlieren (mit Ausnahme Ihrer besten Freundin, denn die weiß besser als jeder andere, dass es sich nur um ein temporäres Problem handelt). Dann sollten Sie überlegen, wie Sie Ihre Situation verbessern können.

1. Begeistert ändern

Eigentlich ist er ja gar nicht so übel, und sollte Ihnen nicht übel von ihm werden, so ist hier unter Umständen die bewährte Methode, Gleiches mit Gleichem zu vergelten, hilfreich. Je fußballbegeisterter Sie werden, desto mehr könnte ihm klar werden, dass es noch einige andere Dinge im Leben außer einem runden Lederball gibt.

Um ihm zu verdeutlichen, dass Ihnen sein Hobby doch ein wenig auf die Nerven geht, sollten Sie unbedingt regelmäßig Ihren hausfraulichen Aufgaben nachkommen und eifrig um ihn herumsaugen, während er die Sportschau sieht.

2. *Engagiert trennen*

Erklären Sie jedem, ob er es nun hören will oder nicht, wie sehr Ihr Partner sich in seinem Verein engagiert und über was für eine außerordentliche Begabung er verfügt, Menschen zu enormen Leistungen zu motivieren. Vergessen Sie nicht zu verdeutlichen, dass er bei einem gemütlichen Fußball-Fernsehabend zu Hause durch konstruktive Kritik und lautes Anspornen sogar die kleinen Männchen hinter der Glotze dazu bewegen kann, schneller zu laufen.

Nehmen Sie Ihr Trennnungsobjekt nach dieser Vorankündigung zum Abschluss eines feucht-fröhlichen Fußballturniers mit in einen Golfclub. Vorher haben Sie Ihren neuen Freunden dort verdeutlicht, dass es sich hierbei um eine absolut notwendige Trennungsmaßnahme handelt. Erklären Sie ihm beim Verlassen der Fußballfeier, dass er so angezogen bleiben soll, wie er ist, denn schließlich ginge es im Golfclub auch vollkommen locker zu. Beziehen Sie dies nicht nur auf sein Outfit, also seine übliche Uniform, den Jogginganzug oder die Jeansweste mit den Vereinsaufnähern, seinen Schal, den er immer so elegant um den Hals geschlungen oder ums Handgelenk geknotet trägt und seine locker auf dem Kopf drapierte Pudelmütze in Vereinsfarben, sondern auch auf sein Verhalten als solches: Damit Ihre »verklemmten« Bekannten und Freunde beim Golftermin einmal so richtig ihre Freude haben und auch in Schwung kommen, muss er schon ein wenig Stimmung machen und vor allen Dingen die Konzentration der Teilnehmer des Turniers durch kräftiges Anheizen fördern. »Hau weg die Scheiße« ist bestimmt ein Spruch, der beim Anfeuern auf dem Golfplatz besonders gut ankommt. Nach einer so gelungenen Veranstaltung und der Menge netter Blicke von Seiten Ihrer Golffreunde wird er vielleicht verstehen, dass Sie beide nun wirklich nicht zueinander passen.

Sollten Sie jedoch keinem Golfclub angehören und keine Freunde haben, die diesem Sport frönen, so lohnt sich die Überlegung, zumindest zeitweise einem solchen Verein beizutreten. Ansonsten tut es auch ein Tennisturnier oder eine exklusive Sprungreitveranstaltung. Sein Ausspruch »Ihr lahmen Gäule, schwingt die Hufe« wäre hier zumindest aus seiner Sicht sehr lustig.

Wenn das nicht ausreicht, können Sie daheim komplett umdekorieren und nur noch die Farben »Ihres« Vereins (möglichst die des »Erzfeindes« seines Vereins) tragen, fröhlich lästern, wenn sein Verein verliert und mit Erdnussflips und Bier feiern, wenn Ihrer gewinnt. Sie können im Stadion auch demonstrativ mit Büchern und Nickelbrille herumlaufen, die Sie als Intellektuelle ausweisen. Trinken Sie Ihr Bier dort mit abgespreiztem kleinem Finger, bringen Sie, wann immer es nur möglich ist, Ihre gute Schulbildung und Ihr vorzügliches Elternhaus ins Spiel und scheuen Sie sich nicht davor zurück, die grammatikalischen Fehler Ihres Partners und seiner Freunde liebevoll zu korrigieren. Seien Sie hilfsbereit und verständnisvoll, sollte Sie jemand wider Erwarten angreifen, und sagen Sie freundlich so nette Sachen wie: »Mein Lieber, die Volkshochschule bietet viele gute Kurse für Analphabeten an!« oder »Auch du bist noch nicht zu alt dazu, deinen Hauptschulabschluss nachzuholen!« (Achten Sie aber bitte darauf, dass der so Angesprochene in dieser Hinsicht nicht wirklich ein Problem hat, denn das wäre echt nicht nett.)

Ratsam ist es auch, sich in diesem Umfeld als echte Freundin von Alice Schwarzer zu outen und die Jungs mit zahlreichen feministischen Theorien zuzutexten, am besten dann, wenn es in einem wichtigen Spiel absolut spannend wird. Machen Sie sich bitte nichts daraus, dass Sie keiner verstehen wird und Ihnen keiner zuhören möchte, schließlich wollen Sie die Freunde Ihres Noch-Partners nicht ändern, sondern ihn vertreiben! Sie werden sehen, wenn Sie sich richtig Mühe geben, wird er sich irgendwann entscheiden müssen: Sie oder der Verein. Und seinem Verein bleibt ein Fußballfan im Gegensatz zu seiner »Perle« meist sein Leben lang treu.

Der Schlaffi

Der Schlaffi ist einer, der Frauen so richtig auf Touren bringen kann. Die leicht eingefallene, nach innen gewölbte Brust; die schmalen Schultern mit den daran hängenden dünnen Ärmchen; der kleine, aber doch schwabbelige Bauch, der geringfügig über den Gürtel quillt, der da sitzt, wo keinesfalls eine Taille ist. Der nicht vorhandene Po, der in einer Jeans sitzt, deren Schritt oberhalb der Knie hängt. Und seine zu den Armen passenden Spindelbeine lassen das Herz einer jeden Frau höher schlagen. Das Problem ist, dass man sich als Frau, die nicht völlig mit Blindheit geschlagen ist, solch ein Exemplar selten bewusst ausgesucht hat, sondern dass sich manche Männer im Laufe der Jahre aus purer Bequemlichkeit zu Hühnerbrüsten entwickeln können, ohne dass sie diese Veränderung an sich selbst wahrnehmen.

Das sind dann die Typen, die Frauen über Kontaktanzeigen das Gruseln lehren. Geben Sie eine Anzeige auf, die da lautet: »Suche attraktiven, aktiven, intelligenten Mann zum Anlehnen und Joggen«. Nach einem netten Telefonat steht einer vor Ihnen, der von seiner Frau böswillig verlassen wurde, weil sie seinen Anblick einfach nicht mehr ertragen konnte, und er hält sich immer noch für schön. Hier stellt sich die Frage, wie seine Frau es geschafft hat, ihn zu vertreiben, nachdem sie jahrelang mit ansehen musste, wie er sich mühsam vom Bett aufs Sofa und vom Sofa aufs Bett bewegte und als Höhepunkt des Tages mittels Fernbedienung den Fernseher einschaltete? Da diese Typen in ihrer Freizeit in der Regel ruhen, ist es gar nicht so leicht, sie zu entfernen, es sei denn, indem man sie in einem Rollstuhl vor die Tür karrt.

1. *Geduldig ändern*

Sie wollen aus Ihrem Schlaffi einen Sportler machen? Vergessen Sie es! Sie könnten ihn allerdings ein wenig auf Trab bringen, indem Sie ihn regelmäßig bei seinem Mittags- oder Nachmittagsschlaf stören, zum Beispiel durch einen Kaffeeklatsch mit Ihren Freundinnen, bei dem alle ihre Kinder mitbringen dürfen, oder indem sie ihm Erbsen oder Heftzwecken ins Bett bzw. aufs Sofa legen. Verlieren Sie bei Ihrem Unterfangen allerdings nicht die Geduld, so ein Schlaffi ist zäh! Sie können während der Urlaubszeit einen Hund in Pflege nehmen, zum Beispiel einen Yorkshire-Terrier (diese Hunderasse wurde ursprünglich für den Rattenfang gezüchtet), dann aus heiterem Himmel sterbenskrank werden und Ihren Noch-Partner mit ihm Gassi gehen lassen. Natürlich haben Sie dem Vierbeiner vorher beigebracht, wie man sich schnell und effektiv von der Leine losreißt und sein Herrchen in einen Kampf auf Leben und Tod mit einem Dobermann verwickelt.

2. *Umtauschen und trennen*

Suchen Sie ihm eine Neue, denn er wird es nicht selbst tun. Binden Sie ihm ein Schleifchen mit einem Schild um den Hals, auf dem steht: »Umtausch ausgeschlossen«. Oder nehmen Sie Kontakt mit Ihrer Vorgängerin auf, wobei sie ihn in den höchsten Tönen loben, freunden Sie sich scheinbar mit ihr an und schenken Sie ihn ihr zum Geburtstag. Nur keine Skrupel, eine Wurst, deren Verfallsdatum überschritten ist, gibt man ja schließlich auch zurück und gewährt ihr keinen dauerhaften Platz neben knackigem Obst und Gemüse im Kühlschrank.

Der ewig Leidende

Wenn eine Frau einen Mann zum ersten Mal in seiner Wohnung besucht, sollte sie ihr besonderes Augenmerk auf sein Badezimmer, seine Küchenschränke und – je nach Gelegenheit – seine Nachttischschublade richten. Diese geben Aufschluss darüber, wen sie wirklich vor sich hat.

Finden Sie dort eine gut sortierte Palette Vitaminpillen, diverse Mineralien, Kieselerde, Borwasser, Kopfschmerztabletten, Bandscheibensalbe und Nasensprays, sollten Sie sich schon vor dem ersten Kuss von dannen machen (nach dem er garantiert ein Spray gegen Paradontose oder einen »Paraimmunitätsinducer« gegen Herpes benutzen wird). Er könnte Sie sonst zeit Ihres gemeinsamen Lebens dazu zwingen, seinen Rücken einzucremen, ihn zu massieren oder ihm kühlende Waschlappen auf die Stirn zu legen.

Ordentlich erzogen, wie die meisten Frauen sind, wühlen sie nur ungern in den Schubladen anderer Menschen herum. So kaufen Sie häufig die Katze im Sack und merken erst nach einer Weile – wenn die Verliebtheit abgeklungen ist –, dass Sie zur Krankenschwester mutiert sind. Das Gros der Männer fühlt sich ja schon bei einer Erkältung wie mit einem Bein im Grabe.

Da sitzt er, blass, einen dicken Schal um den Hals gewickelt, aber nur mit T-Shirt und Unterhose bekleidet, seufzend, stöhnend und schniefend in seiner Ecke und verlangt nach einer frisch gekochten Hühnersuppe. Die kann er dann aber doch nicht essen, weil sie anders als bei seiner Mutter schmeckt und er außerdem Halsweh hat. Eigentlich trinkt er doch lieber ein kühles Bier, weil er dann auch besser schlafen kann. Er suhlt sich in Selbstmitleid, weil kein Mensch ihn richtig lieb hat und sieht nicht ein, dass sein Verhalten der Beziehung nicht gerade neuen Schwung verleiht.

Wenn Sie nicht zu den Frauen gehören, die sich schon immer gewünscht haben, auf der Bettkante Händchen haltend darauf zu warten, dass es ihrem Liebling nach aufopfernder Pflege ausnahmsweise einmal wieder gut geht, könnten Sie ein Problem haben.

1. Resolut ändern

Machen Sie erst einmal Urlaub mit ihm: Fahren Sie in ein Land, in dem es keine Ärzte und keine Medikamente gibt. Empfehlenswert ist zum Beispiel ein Trip in die Wüste oder in den Dschungel. Sein Medizinköfferchen haben sie leider (mit Ausnahme einiger wirklich wichtiger Medikamente, die Sie sorgfältig verstecken) daheim vergessen.

Da er sich vor einer solchen Reise ausgiebig mit den notwendigen Prophylaxen beschäftigen wird, haben Sie Zeit, Ihre Strategie weiterzuentwickeln, ohne dass Sie durch sein ewiges Gejammer abgelenkt werden. Damit er gar nicht auf die Idee kommt, im Urlaub diverse Wehwehchen zu entwickeln, sollten Sie ihm, sobald Sie im Wüstenzelt einen Tee schlürfen oder bei den Pygmäen die Mücken vertreiben, erklären, wie die Ureinwohner mit Krankheiten umgehen. Lassen Sie Ihrer Fantasie freien Lauf. Wie wäre es damit, dass die Bewohner der Wüste ihre Kranken ohne Wasser für drei Tage aussetzen und sie erst dann wieder zu sich holen, wenn sie genesen sind? Sie können ihm auch erzählen, dass die Dschungelbewohner ihre Kranken kopfüber an einen hohen Baum hängen, damit die bösen Krankheitsgeister ausgetrieben werden, oder sie in den Sumpf stecken, so dass die altbewährten Blutegel den Medizinmann ersetzen?

Äußerst hilfreich kann auch ein ausführliches Gespräch über Impotenz sein, die Männer mehr fürchten als den leibhaftigen Teufel. Berichten Sie ihm möglichst schillernd, präzise und plastisch, wie sich das eine oder andere Medikament auf die sexuelle Leistungskraft des Mannes ihrer Freundin ausgewirkt hat. Sollte Ihr Liebster dennoch nicht genesen, können Sie ziemlich sicher sein, dass Sie ihn mit diesen Informationen »kastriert« haben und verfügen nun endlich über einen triftigen Grund für eine Trennung.

2. *Empfindsam trennen*

Selbst unsere modernen Medizinmänner, die so tun, als könnten sie jedem Kranken direkt ins Herz schauen, haben wenig Verständnis dafür, wenn in ihrem persönlichen Umfeld jemand, insbesondere ihre Partnerin, unpässlich ist.

Ein Hypochonder wird besonders allergisch darauf reagieren, wenn Sie selbst allerlei Wehwehchen entwickeln und, anstatt ihn zu pflegen, mit Ihrem Teddybär im Arm, einem Karton alternativer Heilmittel an Ihrer Seite und einem Fieberthermometer im Mund darniederliegen. Ihrer Freundin, die Sie im OP-Kittel, mit Mundschutz und Gummi-Handschuhen besuchen kommt, erklären Sie »heimlich« (so dass er das auf jeden Fall hören kann), dass nach den vielen Blutuntersuchungen nun feststehe, dass Sie an einer hochgradig ansteckenden, unheilbaren Krankheit leiden, die sich als

Tröpfchen-Infektion überträgt. »Hatschi, Liebling!« Führen Sie sich vorher diverse illustrierte Gesundheitsbücher zu Gemüte. Dann fällt es Ihnen nicht schwer, manchem Krankheits-»Bild« mit ein wenig Schminke nachzuhelfen und zur richtigen Zeit die korrekten Juckreiz-, Magen- oder Darmbeschwerden zu entwickeln.

Sie können sich auch Florence Nightingale zum Vorbild nehmen und ein Krankenhaus gründen, möglicherweise mit anderen betroffenen Frauen zusammen. Allerdings eines, in das nur und ausschließlich kränkelnde Männer Aufnahme finden und zu denen Frauen als Angehörigen generell der Zugang verwehrt ist, weil ihre Anwesenheit den Genesungsprozess verzögern könnte. Wie wäre es mit einer geschlossenen Abteilung für hartnäckige Fälle? Denken Sie daran, dass die engagierte Engländerin in ihrem neunzigjährigen Leben so viele Männer gepflegt hat, dass sie vermutlich aus diesem Grund beschloss, Single zu bleiben.

Die Ego-Mimose

Die Ego-Mimose ist der Typ Mann, auf den generell Frauen mit einem Helfersyndrom hereinfallen. Wenn die Ego-Mimose nicht gerade alkohol- oder anderweitig drogenabhängig geworden ist, weil sie eine so schreckliche Kindheit hatte, so hat sie zumindest massive Rückenprobleme oder sonst einen Kummer, weil sie ein so schweres Päckchen auf ihren schwachen Schultern tragen muss. Für diesen Typ Mann ist immer Vollmond, er spricht nicht mit Ihnen, er jault und ist generell »prä-man-struell«.

Anfänglich gefiel er Ihnen besonders gut, weil er als einer der wenigen Männer, die Sie bis dato kennen gelernt hatten, in der Lage war, ausführlich über seine Gefühle zu reden. Welche Frau sehnt sich nicht nach einem Lover, dem sie nicht haarklein erzählen muss, wie sie empfindet, sondern der wie eine beste Freundin sensibel genug ist, ihre Stimmungen zu erahnen.

Diese Spezies Mann ist allerdings nicht in der Lage, einen festsitzenden Korken aus einem mittelprächtigen Prosecco zu ziehen, weil ihm gerade die Hand wehtut. Er wird den Abfall nicht nach draußen bringen können, weil ihn der Geruch von altem Essen an seine Kindheit erinnert. Er wird Ihnen darüber hinaus mit weinerlicher Stimme Geschichten darüber erzählen, wie schrecklich es damals war, als er noch klein war. Wenn alle anderen draußen im Schnee spielten, hatte er, der arme Kleine, keine warmen Schuhe, und als alle seine Schulkameraden schon in Hippie-Kleidung herumliefen – oder was sonst gerade modern war –, musste er den Parka von C&A tragen.

Im Alltag, im Beruf oder auch beim Zusammensein mit Freunden gibt er sich cool, aber sobald Sie ein nettes Kuschelstündchen mit ihm verbringen wollen oder im Fernseher ein Melodram läuft, fallen ihm diverse Geschichten aus seinem Leben ein, die ihn zu Tränen rühren. Sein ständiger Begleiter ist eine Großpackung Papiertaschentücher mit Mentholduft, versteckt in seiner schicken Aktentasche, und eine dunkle Sonnenbrille, die seine immer roten Augen verbergen soll.

Natürlich bezieht er sich bei seinem Selbstmitleid nicht nur auf die Vergangenheit (»Meine Eltern haben mich nicht geliebt, meine Begabung wurde nicht anerkannt, ich bekam immer schlechtere Noten als andere, meine Klassenkameraden haben mich immer geärgert.«). Auch im Hier und Jetzt gibt es zahlreiche Situationen, in denen er feststellt, dass er ungerecht behandelt wird (»Keiner liebt mich, auch du nicht!«) und deshalb arm dran ist. Ein solcher Mann schluchzt beim Weinen lautstark. Vergessen Sie also bitte nicht, die Fenster zu schließen, wenn Sie vermeiden möchten, dass Ihre Nachbarn Sie mit komischen Blicken bedenken.

Hin und wieder ist es schön, einen Mann zu treffen, der Gefühle zeigen kann. Doch wenn der Ego-Mimosen-Mann darüber weint, dass die Kinder in Afrika zu wenig zu essen haben, fällt ihm in dem Zusammenhang garantiert ein, dass er heute auch noch nichts zu sich genommen hat, weil er in der Kantine mal wieder zurückgedrängt wurde und dann sein Lieblingsessen ausverkauft war und der Kühlschrank daheim eine gähnende Leere aufweist, weil Sie die Frechheit besitzen, eine Diät zu machen.

Er ist ganz allein auf der Welt. Und so verhält er sich auch. Für die Probleme anderer hat er wenig Interesse, es sei denn, er kann Parallelen zu sich selbst herstellen. Ihre Gespräche verlaufen dann in etwa so: »Schatzi, ich muss mal mit dir reden. Ich habe mich heute im Büro so geärgert. Da hat doch der Herr Meier ...« »Also, ich habe mich auch geärgert. Da hat doch der ...« – und schon erzählt er mit Leidensmiene seine Geschichte, ohne dass Sie mit Ihrer überhaupt richtig beginnen konnten. Die Probleme anderer bieten ihm stundenlang Gesprächsstoff und die Möglichkeit zur genauen Selbstanalyse.

Sie sind es leid, ihn zu trösten? Kein Problem, ändern oder verlassen Sie ihn.

1. Durch Konfrontation ändern

Gehen Sie mit ihm gemeinsam in eine Organisation, die es sich zur Aufgabe gemacht hat, Menschen zu helfen, denen es wirklich schlecht geht. Möglicherweise rückt das echte

Elend anderer, mit denen er dauerhaft konfrontiert wird, doch sein Bild über sich selbst und sein Leben gerade. Lassen Sie sich, wenn Sie über etwas reden wollen, nicht von ihm unterbrechen.

Unter Umständen wirken auch Psychopharmaka stimmungshebend. Hilfreich kann es auch sein, wenn Sie ihn in einem Boxverein anmelden, denn wenn er dort einmal einen Haken auf die Nase bekommt, hat er endlich einen Grund zum Weinen.

2. Blumig trennen

Rühren Sie ihn zu Tränen und lassen Sie ihn in seinem Selbstmitleid ertrinken. Dabei ist es hilfreich, sich mit ihm auf dem Friedhof an einem besonders hübschen Grab zu verabreden. Gehen Sie zu diesem Treffen dem Anlass entsprechend ganz in Schwarz gekleidet, ziehen Sie auf jeden Fall ein paar gute, kampferprobte Turnschuhe an, und vergessen Sie nicht, einen Strauß gelber Mimosen mitzunehmen. Am Grab angekommen, erklären Sie dann feierlich: »Lieber Peter, zeit unserer Beziehung warst du dir ein guter Freund. Ich gedenke meiner in Ehren. Der Herr ist dein Hirte, dir wird es an nichts mangeln, er weidet dich auf grünen Auen ... nachdem wir nun hier dem Ende unserer Liebe gedenken. Weine in Frieden.« Und tschüss und weg!

Zum anschließenden Leichenschmaus im Kreise Ihrer Freundinnen und guten Kolleginnen sollten Sie ihn allerdings nicht einladen. Er würde allen die Stimmung an dieser fröhlichen Feier verderben. Hoch die Tassen!

Saubermänner und Haushaltsmuffel

Es ist beileibe nicht so, dass Männer unfähig sind, einen Haushalt zu führen. Dennoch haben sie, insbesondere jene mit Partnerin, aus schier unerfindlichen Gründen ein gespaltenes Verhältnis zu den Arbeiten, die im Haushalt anfallen. Wie ihr Wohnumfeld aussieht, ist ihnen deshalb aber noch lange nicht gleichgültig.

Der superfaule Pingelige

Der superfaule Pingelige stellt sehr hohe Ansprüche an die Reinlichkeit seines Umfeldes. Kommt er nach getaner Arbeit nach Hause, wird er Sie tatkräftig dabei unterstützen, Ihr Haus zu verschönern, nämlich indem er Sie auf all das aufmerksam macht, was Sie seiner Meinung nach noch zu erledigen haben. Jeden Tag das Gleiche: Zunächst läuft er mit seinen dreckigen Schuhen über die blitzblank geputzten weißen Fliesen, weist mit spitzen Fingern auf die Schmutzspuren am Boden hin (»Wie das schon wieder aussieht! Was hast du eigentlich den ganzen Tag gemacht? Ich schaffe das Geld ran und du liegst auf der faulen Haut.«), fährt mit dem Zeigefinger über sämtliche Bilderrahmen, pustet den nicht vorhandenen Staub demonstrativ von der Hand, wirft einen Blick in den Kleiderschrank, um nachzusehen, ob Sie seine Unterhosen fein gebügelt haben und kontrolliert den

Kantenstand seiner ordentlich gefalteten, mit Monogramm versehenen Stofftaschentücher.

Besonders schlimm wird es, wenn Ihre Mutter zu Besuch kommt, denn er wird sie mit einem verzweifelten Kopfschütteln und dick aufgetragenen Seufzern fragen, warum sie Ihnen partout nichts beigebracht hat. Sollte seine Mutter überraschend vor der Tür stehen, spielt er den vorbildlichen und eifrigen Hausmann.

1. Schlampig ändern

Ihr Problem ist, dass Sie ihm – wenn auch unwillig – brav gehorcht haben. Männer neigen aufgrund ihres hormonellen Grundmusters dazu, viel Lärm um nichts zu machen. Aufgrund ihrer Minderwertigskeitsgefühle Frauen gegenüber müssen sie die Überlegenen spielen, um glücklich zu sein. Außerdem neigen sie dazu, tyrannisch zu werden, sollte man ihnen zuviel durchgehen lassen.

Lenken Sie seine Energien auf andere Dinge und lassen Sie den Haushalt Haushalt sein. Er könnte zunächst irritiert sein und Streit beginnen, wenn es bei Ihnen daheim langsam so richtig chaotisch wird und der Staub auf den Regalen bezeugt, dass es für Sie im Leben schönere Dinge als Abstauben gibt. Wenn herumliegende Zeitungen und Bücher beweisen, dass Sie lieber lesen als wischen, und wenn Sie nur noch Ihre Sachen waschen und bügeln, weil für Sie wichtige berufliche Termine anstehen.

Dieser Konfrontation gehen Sie kreativ aus dem Weg, indem Sie Ihren Partner in der größten Unordnung stehen lassen und verreisen. Vergessen Sie nicht, zuvor einige leicht verderbliche Essensreste aufzubewahren und diese an strategisch optimalen Punkten zu deponieren. So allein gelassen muss der Pingel, mag er noch so faul ist, Staubsauger,

Schrubber und Putzeimer schwingen. Stellen Sie ihm sämtliche Reinigungsutensilien ordentlich in der Küche auf, auch wenn Sie dafür eine Reihe von schmutzverkrusteten Tellern und Tassen beiseite schieben müssen.

Wenn Sie befürchten, dass er nach Ihrer Reise nicht mehr da ist oder das Schloss ausgewechselt hat, haben Sie als Alternative noch die Möglichkeit, eine Reinigungshilfe anzustellen. Sie darf allerdings kein Deutsch verstehen. So wird sich Ihr Partner freuen, endlich einmal jemandem richtig Bescheid in Sachen Reinlichkeit sagen zu können, und das stets von Neuem.

2. Sauber trennen

Verweigern Sie jede Arbeit im Haushalt und suchen Sie sich einen Job, bei dem Sie völlig ausgelastet und so gut wie nie zu Hause sind. Benehmen Sie sich wie neunzig Prozent der männlichen Bevölkerung: Tun Sie so, als würden Sie sich in einer Rumpelkammer wohl fühlen, ignorieren Sie den übervollen Abfalleimer, die vielen summenden Fliegen, die Wäscheberge, den fleckigen Fußboden, das nach Ammoniak riechende WC und den ganzen anderen ekelhaften Rest. Nach einer Weile des tapferen Durchhaltens erklären Sie ihm, dass Sie eine Putzmittel- und Wasserallergie haben und dass sich dies laut Aussage Ihres Arztes so schnell nicht ändern wird.

Lange wird er das nicht aushalten. Er wird sich ein anderes »Mainzelfrauchen« suchen müssen, das seine Erfüllung darin findet, seinen Dreck wegzuräumen, bis auch sie darauf kommen wird, dass es Angenehmeres gibt, als die Sklavin für ihn zu spielen.

Der pingelige Fleißige

Was gibt es Schöneres für eine Frau als einen fleißigen Hausmann. Er wuselt eifrig um Sie herum, während Sie es sich auf dem Sofa mit einem Tee und der Zeitung gemütlich machen. Ein richtiger Schatz ist er – und erheblich zuverlässiger und auch preiswerter als die meisten bezahlten Haushaltshilfen, zumindest was den finanziellen, nicht den emotionalen Aufwand angeht. Er verwöhnt Sie nach Strich und Faden und liest Ihnen jeden Wunsch von den Augen ab. Weil Hausarbeit körperlich anstrengend ist, haben Sie auch an seinem Body nichts auszusetzen. Das Kerlchen ist recht knackig.

Und wovon träumen Sie sonst noch?

Aktive Reinlichkeitsfanatiker hassen nichts so sehr wie das Nichtstun. Wenn er den Meister Proper spielt, sind Sie sein Wirbelwind oder zumindest die Wasch- und Bügelfee. Sie hassen Hausarbeit? Das wird er Ihnen schon austreiben, denn hierbei findet er mehr als bei allem anderen Befriedigung. Im Bett ist er die Sauberkeit in Person, schließlich rümpft er schon bei einem Liebesfilm mit Kuscheleinlage die Nase, weil er die Leute im Film zuvor nicht duschen gesehen hat.

Kommen Sie beide sich zwischen all den Putzmitteln und Antistaubtüchern endlich einmal wieder näher und bewegen sich gemeinsam in Richtung frisch bezogenes Bett, wird er flugs ein weichgespültes, gebügeltes Handtuch bereit legen, noch bevor Sie die Hose elegant zu Boden und sich aufs Bett haben fallen lassen. Bevor er sich Ihnen zuwendet, faltet er Ihre unordentlich durch die Gegend geworfenen Kleidungsstücke sorgfältig zusammen und legt sie in den Schrank. Das nennt man ein wirklich spannungsreiches Vorspiel.

Ihre Freunde schätzen Ihren Liebsten so lange, bis Sie ihn das erste Mal eingeladen haben. Denn nachdem er ihre Hausklinke angefasst hat, die oft ein wenig klebt, weil ihre Freunde kleine Kinder haben, wischt er sich sofort die Hände angeekelt an der Hose ab, und bevor er sich setzt, kontrolliert er gründlich den Stuhl auf Krümel und andere Essenreste. Da Ihre Freunde sehr tolerant sind, werden sie sicher auch darüber hinwegsehen, dass er sein Weinglas mit spitzen Fingern gegen das Licht hält, um es dann diskret nachzupolieren. Auch sein Besteck reinigt er mit seiner Serviette noch einmal, obwohl es tadellos blinkt.

Begeistern sich andere Männer unter Umständen für gut duftende Rasierwässer, schnüffelt er im Supermarkt euphorisch an jedem neuen Reinigungsmittel. Seine besondere Leidenschaft gilt dem Besuch von Heimveranstaltungen, auf denen er im Kreise Ihrer Nachbarinnen als einziger Mann für viel Geld enorm praktische Plastikdosen oder Putztücher kauft. So eine Veranstaltung lässt er sich nur ungern entgehen. Und weil für ihn der Kauf von diversen Marktneuheiten wie Staubsauger, Fensterwischer, Bügeleisen und ähnlichem so beglückend ist wie für andere Männer Sex oder ein schickes Auto, ähnelt Ihr gepflegtes Heim nach und nach immer mehr einer Besenkammer.

1. Motivierend ändern

Lenken Sie seine Leidenschaft in die richtigen Bahnen. Organisieren Sie über ein Hausfrauen-Programm im Internet einen außerhäusigen Party-Putzwettbewerb. Da wird er richtig gefordert sein und lernt besser als in der Männer-Selbsterfahrungsgruppe Menschen kennen, die so sind wie er.

Mit ihnen kann er sich dann intensiv austauschen, und Sie haben die Chance, auf dem Sofa nach Lust und Laune

Chips-Krümel zu verteilen, ohne sich gegen Staubsaugerangriffe wehren zu müssen.

Schaffen Sie einen Anreiz. Sie könnten dem Gewinner des Wettbewerbs zur Belohnung als bester Putzer einen neuen Eimer mit netter Widmung überreichen lassen. Solche Veranstaltungen lassen sich ausweiten. Stellen Sie sich einmal vor, er könnte an einem Putzteufel-Kongress oder an einer Saubermann-Olympiade teilnehmen. Da wäre er glatt ein paar Tage unterwegs. Wie werden Sie die Ruhe genießen, keine Staubsaugergeräusche mehr, der Hochdruckreiniger bleibt, wo er ist ... herrlich. Wenn Sie sich wiedersehen, werden Sie sich darüber freuen, dass bei Ihnen endlich wieder einer gründlich sauber macht.

Ich gebe zu: Wirklich ändern können Sie Ihren Liebsten mit dieser Strategie nicht. Aber Sie müssen seine Marotte wenigstens nicht mehr täglich ertragen.

2. Hygienisch trennen

Gleich und gleich gesellt sich gern. Haben Sie keine Freundin, die Sie schon immer um Ihren Saubermann beneidet hat? Lassen Sie die beiden häufiger miteinander allein. Aus gleichen Interessen ergibt sich meist automatisch eine Seelenverwandtschaft, so dass Sie sicher sein können: Nach kurzer Zeit werden sich Ihr Partner und Ihre Freundin zum gemeinsamen Putzen verabreden. Lassen Sie sie dabei unbedingt allein, fahren Sie am besten für ein paar Tage in den Urlaub. So können sich die beiden näher kommen und sich gegenseitig in Ihre Geheimnisse der Fleckenbehandlung einweihen.

Dass Sie und Ihr Partner nicht zusammengehören, wird er gegebenenfalls auch verstehen, wenn Sie seine weißen Hemden zusammen mit neuen roten Handtüchern und seiner schwarzen, noch nicht gewaschenen Designer-Jeans in die Waschmaschine und anschließend noch für einige Stunden in den Trockner stecken. Es wird ihm Freude machen, wenn Sie das Waschbecken großflächig mit Zahnpasta beschmieren und den Spiegel mit kleinen Tupfen wasserfester Mascara dekorieren.

Bei nassem Matschwetter beglücken Sie ihn mit dem Besuch Ihrer zehn besten Freundinnen, die Sie vorher von Schlammloch zu Schlammloch geschickt haben. Ihre Schuhe (oder Gummistiefel) behalten die Damen im Haus selbstverständlich an.

Der Drei-Sterne-Koch

Diesen Mann kann fast jede Frau brauchen. Schon beim ersten Date verwöhnt er Sie mit ausgeklügelten Menüs, die Ihnen – sollten Sie nicht ausschließlich auf fettige Pommes frites mit Majo oder durchwachsene Schaschlikspieße stehen – das Leben schon lebenswerter machen können. Mit seiner weißen Kochmütze geschmückt deckt er den Tisch, farblich hat er alles hübsch aufeinander abgestimmt. Das Besteck für die zahlreichen Gänge liegt in absolut korrekter Anordnung, die diversen Gläser blinken im Kerzenschein. Ach, ist das schön, so bedient zu werden.

Die Größe der Portionen auf Ihrem Teller bereitet Ihnen jedoch Sorge. Auch die Angewohnheit Ihres Liebsten, Ihnen gleich nach dem ersten Happen den Teller wieder wegzunehmen, könnte bei Ihnen auf Dauer Essstörungen hervorrufen. Dass die frischen Bohnen beim Kauen noch knacken und das Steak beim Anschneiden laut und blutig »Aua« schreit, verdirbt Ihnen dann doch die Freude am Essen.

Bevor er aus Ihrem Bauchnabel Champagner schlürft, Verzeihung, kostet, prüft er erst einmal die Temperatur. Nicht Ihre! Sie können so wohl temperiert sein, dass es durchaus hitzig zugehen könnte. Nein, ihm geht es um den Wärme- bzw. Kältegrad des perlenden Getränks.

Wenn er Sie, nachdem er Ihnen die Lust aufs Bett genommen hat, auch noch aus der Küche vertreibt, weil Sie seiner Ansicht nach sowieso nicht kochen können und er in Ruhe Ihre Tütensuppen entsorgen will, dann sollten Sie erkennen, dass Ihnen etwas fehlt: ein vernünftiger Partner, der isst, was auf den Tisch kommt, oder ein Leben als Single.

1. Rezeptvoll ändern

Schenken Sie Ihrem Schatz einen Gutschein für einen Anfängerkochkurs, wie er bei der Volkshochschule angeboten wird. Dies wird er als grobe Beleidigung auffassen. Teilen Sie ihm dann geheimnisvoll mit, dass mit diesem Kurs die nächste Fernseh-Kochserie »Kochen für Anfänger« gedreht würde. Dort könne er also seine Fähigkeiten vor mehreren Millionen Zuschauern unter Beweis stellen. Den Tipp hätten Sie von der Kursleiterin persönlich, und Sie wüssten, dass sich bisher nur Kochprofis angemeldet hätten.

Bei der Veranstaltung handelt es sich selbstverständlich um einen stinknormalen Kochkurs mit anschließendem Essen. Solche Kurse sind bekannt für die offene Kritik durch andere Teilnehmer. Hier wird Ihr Liebster lernen, dass zu einer guten Mahlzeit etwas mehr gehört als ein wenig Dekoration auf dem Teller.

2. Köstlich trennen

Lassen Sie Ihren Partner wieder einmal für sich kochen und machen Sie ihm mit Ihren Manieren ein für alle Mal klar, dass Sie seiner nicht würdig sind. Überladen Sie Ihren Teller mit allen Gängen, die Ihr Schatz zelebriert hat, bis er überquillt. Verfeinern Sie die Kreation mit einer guten Flasche Ketchup. Nehmen Sie das Besteck von innen nach außen auf, und schaufeln Sie sich die zuvor mit der Gabel verrührten Speisen mit einem Löffel in den Mund. Achten Sie darauf, sich dabei mit den Ellenbogen auf dem Tisch abzustützen. Mampfen Sie, als würde es morgen nichts mehr zu essen geben (was in bezug auf seine Kochkünste hoffentlich der Fall sein wird). Mischen Sie sich den teuren Wein mit Mineralwasser.

Nach dem Dessert, das Sie unter einem Zuckerberg haben versinken lassen, müssen Sie unbedingt rauchen – und wenn dies die erste und die letzte Zigarette Ihres Lebens ist. Sie ahnen, was jetzt kommt: Drücken Sie den Glimmstengel in den süßen Überresten Ihres Nachtisches aus. Wenn Ihr Gefährte nun noch nicht das Weite gesucht hat, können Sie ihm den Rest geben mit dem Satz: »Schatz, jetzt hab ich richtig Hunger auf etwas Herzhaftes bekommen. Soll ich dir was vom Imbiss mitbringen?«

Sollte all dies nicht fruchten, wird es Ihnen bestimmt Spaß machen, sich beim Fischhändler ein Dutzend schon leicht geöffnete Austern zu kaufen. Sagen Sie dem Händler, dass Sie die Schalen für die Dekoration Ihres Aquariums brauchen. Richten Sie diese für Ihren Partner liebevoll mit Salz und Zitronen an und sprühen Sie zuletzt etwas Lebensmittel-tauglichen Geruchs-Neutralisierer darüber.

Oder Sie kochen ihm einen Tintenfisch, den Sie einige Tage in einer Tüte auf der Heizung aufbewahrt und dann für einige weitere Tage in Zitronensaft und aromatischen Kräutern und Knoblauch mariniert haben. Während Ihr (inzwischen sicher Ex-) Partner sich anschließend mit den leckeren

Menüs der Krankenhausküche verwöhnen lässt, haben Sie ausreichend Muße, Ihre Angelegenheiten zu Ihrer Zufriedenheit zu regeln.

Der kreative Heimwerker

Wer hat schon etwas gegen einen Mann einzuwenden, der einen Nagel in die Wand schlagen kann, ohne dafür einen Plan anfertigen zu müssen. Der kreative Heimwerker aber übertreibt es. Seine Lieblingskleidung ist ein kräftig rot und blau kariertes Baumwollhemd und eine blaue, etwas ausgebleichte Hose mit vielen Taschen und Schlaufen für Schrauben, Nägel, Hammer und Zollstock. Er liebt nichts mehr als herumzuwerkeln. Dabei verschönert er Ihre bis dato klar strukturierte Chrom-Glaseinrichtung mit selbst gesägten Kuckucksuhren und Schlüsselschränkchen in Eiche-rustikal und versucht sich auch darin, Lampen mit Schweinsblasen-Häubchen und sorgfältig gedrechseltem Fuß herzustellen.

Sollte bei der Supermarkt-Kette eine preiswerte Bohrmaschine angeboten werden, so überlässt er es Ihnen, sich frühmorgens mit zahlreichen anderen Frauen vor der noch geschlossenen Tür des Geschäftes in die Schlange zu stellen und sich nach dem Öffnen mutig dem Kampf um ein solch heißbegehrtes Objekt zu gewinnen. Klappt dies nicht, hängt der Haussegen wochenlang schief, Ihr Liebster widmet sich noch mehr der Dünnbrettbohrerei und straft Sie mit beleidigtem Schweigen. Schließlich tut er das alles nur für Sie. Und Sie wissen seine Mühe gar nicht zu schätzen.

Der Heimwerker ist nicht nur kreativ, sondern auch enorm hilfsbereit und wird daher von seinen Freunden und Bekannten sehr geschätzt. Wenn es irgendwo etwas zu reparieren oder zu renovieren gibt, Parkett verlegt oder Fliesen geklebt werden müssen, ist er dabei – und Sie sind allein. Das seien Sie selbst Schuld, meint er. Sie könnten sich ja auch ein Hobby suchen, Ikebana zum Beispiel, oder Sie könnten wieder einmal ein schönes großes Puzzle machen, das er dann auf Holz aufziehen wird.

Doch lassen Sie sich nichts einreden. Mögen Ihre Freundinnen die Fähigkeiten Ihres Schatzes auch noch so sehr bewundern: Es ist durchaus nachvollziehbar, dass Sie am Sonntagmorgen lieber durch den Duft von frisch aufgebrühtem Kaffee als durch den Gesang der Bohrmaschine geweckt werden und nicht immer den würzigen Holzstaub einatmen möchten, wenn Sie einmal tief Luft holen. Sollten Sie zu der Ansicht gelangen, dass Ihr Heim nun hübsch genug ist, und befürchten, auf Grund des permanenten Krachs einen Hörfehler zu entwickeln, so sollten Sie ihm vermitteln, dass aus einem Männlein noch lange kein Mann wird, nur weil er in der Lage ist, sein Holzspielzeug selbst zu bauen.

1. Hölzern ändern

Wenn Sie Ihrem Heimwerker sein Spielzeug wegnehmen, wird er äußerst unglücklich und unleidlich sein. Die Interessen eines solchen Typs Mann auf etwas anderes als das Basteln zu lenken, ist nicht ganz einfach. Deshalb verbinden Sie das Angenehme am besten mit dem Nützlichen.

Kaufen Sie sich ein altes, stark renovierungsbedürftiges Haus, in dem er sich so richtig austoben kann. Sollte Ihnen das nötige Kleingeld fehlen, tut es fürs Erste auch eine Altbauwohnung oder eine Schrebergarten-Laube. In Schrebergärten herrschen neben reger Tätigkeit rund um Beete und Laube feste Ruhezeiten. Genießen Sie die Momente der

Ruhe und lauschen Sie dem Wachsen des Grases, bis es durch den Rasenmäher einen Kurzhaarschnitt erhält.

Vielleicht schenken Sie Ihrem Schatz auch ein Chrom-Glas-Bastelset. So rückt es in den Bereich des Möglichen, dass er einmal etwas entwirft und baut, das Ihnen gefällt. Schaffen Sie sich zwei oder drei Kinder an. Die werden ihn auf andere Gedanken bringen. Eine Weile wird er auch Freude daran haben, Ihnen allerlei Spielzeug zu bauen, bis er begreifen wird, dass auch Kinder mit der Zeit gehen.

Wenn Sie ihm das Werkeln vollkommen verleiden wollen, gibt es nur eine Möglichkeit: Sorgen Sie dafür, dass er allergische Reaktionen gegen Holz, Leim, Spachtelmassen aller Art, Farbe usw. entwickelt. Sprechen Sie sich mit seinem Arzt ab, der Ihrem Liebsten dann erläutern muss, dass er mit diesen Stoffen nicht mehr umgehen darf, wenn er nicht sein Leben gefährden will. Bei dieser Variante haben Sie allerdings keine Garantie, dass Ihr Schatz sich nicht einfach auf die vermeintlich ungefährlichen Materialien verlegt und in Zukunft nur noch am Auto oder Computer herumschraubt.

2. *Freundlich trennen*

Tauschen Sie ihn gegen den »Linke-Hände-Mann« ein (siehe Seite 43). Ihr Leben wird sich drastisch verändern. Sie könnten ja mit dem Heimwerker weiterhin befreundet sein, für den Fall, dass einmal eine Reparatur ansteht oder Sie sich ein neues Gewürzregal wünschen. Am besten halten Sie beide auf Abstand und doch in Ihrer Nähe, nach dem Motto: »Zwei Dinge braucht die Frau!«

Sollten Sie keinen »Linke-Hände-Mann« greifbar haben: Ignorieren Sie alle Bastelleistungen Ihres Heimwerkers oder reagieren Sie mit völliger Herablassung. Was er Ihnen auch zeigt, antworten Sie auf seine Fragen »Schatz, wie findest du das? Ist das nicht schön geworden?« mit einem verächtlichen »Was soll das denn sein? Das ist doch nicht dein Ernst! Das kommt sofort auf den Müll!« Vergessen Sie nicht, Ihre Mundwinkel dabei auf den Tiefstpunkt zu bringen.

Nehmen Sie ihm die Freude an seinem Hobby, machen Sie sich darüber lustig und erklären Sie ihm, dass er sich lieber beruflich engagieren soll. Verdeutlichen Sie ihm, dass er für Sie handwerklich gesehen eine Null ist. In seiner Verletztheit wird er sich im Nu von der netten Kassiererin im Baumarkt trösten lassen. Somit wäre für Ihre Nachfolge auch gesorgt.

Der Linke-Hände-Mann

Es liegt auf der Hand, dass der Linke-Hände-Mann das genaue Gegenteil vom kreativen Heimwerker ist. Er ist extrem ungeschickt. So müssen Sie dann den klebrigen Honig vom Boden kratzen, weil er das Glas mal wieder umgeworfen hat, generell seinen Essplatz mit Folie auslegen, damit die Sauerei, die er täglich veranstaltet, leichter zu beseitigen ist und Ähnliches. Das mag zunächst das eine oder andere Frauenherz rühren, ist bei längerem Beisammensein dennoch etwas ermüdend.

Handwerklich gesehen ist er eine echte Niete und selbst wenn er die schwierige Aufgabe erfüllen soll, den Abfall herunter zu bringen, verliert er unterwegs die Hälfte oder die Tüte hat ein Loch. Das Zusammenbauen von Ikea-Möbeln stellt für ihn eine echte Herausforderung dar, was Sie angesichts seines konzentrierten Gesichtsausdrucks beim Lesen der Bauanleitung schnell nervös machen kann. Er lässt sich in so etwas aber keinesfalls hereinreden. Er schafft das schon. Da müssen Sie sich heraushalten, und wenn Sie ihm erklären, dass es möglicherweise einfacher ginge, wenn er den Sechskant statt des Schraubenziehers nimmt, ist er beleidigt. Besitzen Sie die Frechheit, ihm eines Ihrer elektronischen Erbstücke aus Ihrer Beziehung mit einem kreativen Heimwerker in die Hand zu drücken, gibt es richtig Ärger. Er fürchtet sich vor solchen Dingen und arbeitet lieber »manuell«. Außerdem macht es ihn wütend, wenn Sie seine Fähigkeiten – wie sein Vater – unterschätzen. Er benötigt lediglich Ruhe für solche Dinge. Sollten Sie ihn jedoch allein lassen, wird er Ihnen das auch verübeln. Dann hat er ja keinen mehr, der ihm bei der schweißtreibenden Arbeit den Hammer oder Nägel – die direkt hinter ihm liegen – anreicht.

Es gibt sicher schlimmere Männertypen. Sollte der Linke-Hände-Mann Sie mit seiner Ungeschicklichkeit dennoch auf die Palme bringen, sollten Sie die Möglichkeit nutzen, ihn zu ändern, oder sich für die Erfahrung öffnen, dass Sie durchaus selbst in der Lage sind, ein Regal zusammenzubauen oder ein Bild aufzuhängen.

1. In die Lehre schicken und ändern

Sie haben hoffentlich nicht den Kontakt zum Heimwerker abgebrochen. Stellen Sie die beiden einander vor, loben Sie Ihren Heimwerker-Ex in den höchsten Tönen und stellen Sie diesem ein seltenes Holzschutzmittel oder Ähnliches in Aussicht, wenn er Ihrem Ungeschickten etwas beibringt. Hier ist selbstverständlich Vorsicht geboten. Denn sollte Mann Nummer zwei endlich die Achtung seines Vaters errungen haben, weil er nun doch so handwerklich begabt ist, könnte es sein, dass Sie in leicht veränderter Form wieder beim gleichen Problem angelangt sind und nun einen begeisterten, aber ungeschickten Bastler bei sich daheim beherbergen, der noch eifriger sein kann als der kreative Heimwerker.

2. Geschickt trennen

Von ungeschickten Männern sollte man sich nicht geschickt zu trennen versuchen, weil sie das nicht begreifen. Da müssen Sie schon die Holzhammermethode wählen.

Überfordern Sie ihn! Kaufen Sie ein paar neue Möbelstücke, die Sie vermutlich noch nach der Trennung gebrauchen können und deren Aufbau selbst Experten zur Verzweiflung bringt. Halten Sie ihm täglich vor, wie sehr er Ihnen mit seiner Art auf die Nerven fällt und dass er nichts, aber auch gar nichts kann. Kritisieren Sie ihn bei allem, was er tut. Stöhnen Sie mindestens zehnmal täglich: »Kannst du denn einfach nie etwas richtig machen!« Halten Sie ihm vor, wie unelegant er sich bewegt, dass er noch nicht einmal sein Besteck richtig in der Hand halten kann, und dass Sie dies einfach nicht mehr mit ansehen können.

Schließen Sie generell angewidert die Augen, wenn er Ihnen begegnet. Erzählen Sie auch im Kreise seiner Freunde, dass Sie sich niemals hätten vorstellen können, dass es einen derartig unfähigen Menschen wie ihn gibt. Geben Sie Anekdoten aus Ihrem Beziehungsleben zum Besten, die selbst seinem besten Kumpel vor Lachen die Tränen in die Augen treiben. Selbstverständlich dürfen Sie dabei maßlos übertreiben. Machen Sie deutlich, was für ein elender Versager er ist ... in allen Bereichen wohlgemerkt. Machen Sie ihn so fertig, dass er weinend vor Ihnen auf die Knie fällt – und das berichten Sie amüsiert seinen Freunden.

Männer vergrault nichts so sehr wie das Kratzen an ihrem Ego, und es dürfte nicht lange dauern, bis er das Weite sucht.

Bindungsmuffel und Wiederholungstäter

Die einen wollen sich gar nicht binden, die anderen immer wieder. Beide Männertypen enttäuschen Frauen nicht selten – sollten diese es nicht nur auf einen One-night-stand angelegt haben oder das Dasein als Geliebte für äußerst praktisch halten.

Der Einmal-geht-noch-Scheidungsmann

Es gibt einen Typ Mann, der bindungs-, sprich heiratsfreudig ist, aber in seinem Leben immer auch noch eine »Nebenfrau« hatte. Mal verbot ihm seine Ehefrau sein Lieblingsgericht, mal fühlte er sich aus anderen Gründen unverstanden. Oder ihm lief ganz plötzlich eine Frau wie seine Sekretärin über den Weg und ließ ihn alles, was zuvor wichtig war, zum Beispiel seine Kinder oder seine Schwiegereltern, vergessen.

Nach zahlreichen fehlgeschlagenen Versuchen traf er endlich die Frau seines Lebens, nach der er sich schon immer gesehnt hatte: Sie! Sie sollten sich nicht so viel darauf einbilden, denn er verfährt frei nach Brecht: »Ja, ich mach nur einen Plan – und bin ein großes Licht! Und mach dann noch einen zweiten Plan – gehen tun sie beide nicht. Denn für dieses Leben ist der Mensch nicht schlecht genug, doch sein höh'res Streben ist ein schöner Zug.« Sein höheres Streben gilt der idealen Partnerin, doch hat er diese gefunden, entdeckt er eine, die noch ein klein wenig besser zu ihm passt. Dabei ist er souverän, kennt sich mit Frauen aus und steht mit allen Konsequenzen zu der Frau, die er liebt und auch zu der, die er nicht mehr liebt, deshalb gehören Scheidungen und Hochzeiten zu seinem Leben wie das tägliche Brot.

Auf diesen Typ Mann hereingefallen zu sein, muss Ihnen nicht peinlich sein, schließlich hat er schon einigen Frauen vor Ihnen einfühlsam und sensibel deutlich gemacht, dass sie jeweils besser waren als die vorherigen. Und das wird auch so stimmen. Da er äußerst wandelbar und entwicklungsfähig ist, durchlebt er immer wieder bewusst unterschiedliche Lebensabschnitte, wobei nicht jede seiner Bräute so flexibel war, sich darauf einzustellen. Obwohl er sehr selbstbewusst wirkt, ist er tief in seinem Inneren äußerst unsicher und muss sich selbst bestätigen, um sein Profil nicht zu verlieren. Wenn er der Hahn im Korb sein kann, ist er glücklich, doch wechselt er stetig das Körbchen.

Als Sie ihn kennen lernten, war Ihnen natürlich nicht sofort klar, dass er noch gebunden war. Das fiel Ihnen erst ganz langsam auf. Spätestens in dem Augenblick, in dem er Ihnen erklärte, dass er an Wochenenden nie Zeit haben würde, demnächst jedoch eine gemeinsame Reise mit Ihnen planen wollte (als Entschädigung wofür nur?), ahnten Sie, dass es noch eine andere Frau in seinem Leben geben könnte. So etwas lässt man als verliebte und vielleicht doch ein wenig verunsicherte Frau zunächst einmal sacken und bespricht sich mit seiner besten Freundin darüber, die nur die Hände über dem Kopf zusammenschlägt.

Wenn Sie ihn ganz für sich gewinnen wollen, sollten Sie zunächst überdenken, wie viel ihm am Ende des Monats noch auf dem Konto verbleibt, denn meist muss er für seine vorherigen Vergnügen tief in die Tasche greifen. Fragen Sie sich auch, ob Sie Lust haben, an hart erkämpften gemeinsamen Wochenenden seine Kinder zu hüten.

Ist es jedoch so, dass Sie es satt haben, mit dem Telefon neben sich einzuschlafen, weil Sie tunlichst keinen seiner seltenen Anrufe verpassen wollen, und Sie ebenso nicht mehr bereit sind, Weihnachten allein tränenüberströmt »Oh du fröhliche« zu singen, ist eine Trennung unausweichlich.

1. Tolerant ändern

Da er ein Mann ist, der Abwechslung im Leben liebt, wird er, sollten Sie tolerant und behutsam mit ihm umgehen und sich vielseitig und unterhaltsam geben, sicher auch Ihnen irgendwann die Ehe antragen. Da er bei Ihnen all das zu finden meint, was er über das, was seine Familie ihm bietet, hinaus braucht, wird er schneller bei Ihnen einziehen, als Sie glauben, wenn Sie ein nettes Gespräch mit seiner Noch-Ehefrau führen.

Freunden Sie sich wie zufällig mit der Guten an und laden Sie sie zu sich nach Hause ein. Dekorieren Sie Ihr Heim mit etlichen hübschen gemeinsamen Fotos, vielleicht vom letzten Kurzurlaub mit ihm, lassen Sie seine Krawatte – am besten eine, die sie ihm zum Hochzeitstag geschenkt hat – demonstrativ herumliegen, schreiben Sie sich selbst einen netten Liebesbrief mit seiner Unterschrift und lassen Sie ihn offen herumliegen. Vertrauen Sie ihr dann an, dass Sie ein Verhältnis mit einem verheirateten Mann haben, der sehr unter seiner unmöglichen Frau leidet.

Sollte Ihnen der Mut zu dieser Szene fehlen, so reicht es, wenn Sie Glück haben, schon aus, ihr ein Foto von sich und ihm und eine Hotelrechnung vom Doppelbettzimmer zuzuspielen. Der günstigste Tag dafür ist sicher der Hochzeitstag der beiden. Wetten, sie macht ihm so die Hölle heiß, dass er alsbald mit dem Koffer vor Ihrer Tür steht?

Dann stellt sich jedoch die Frage, wie Sie ihn dauerhaft an sich fesseln können, denn solche Männer darf man nicht an der langen Leine laufen lassen. Wie wäre es mit einer hübschen Eisenkette um den Fuß, die er nicht wie den Ehering nach Bedarf ab- und anlegen kann? Im Gegensatz zu einem Ehering würde sich das Klirren der Ketten überhaupt gut für verheiratete Männer machen. Das ist dann so ähnlich wie mit Katzen, denen man ein Glöckchen um den Hals bindet, damit sie keine Vögel fangen können. Katzen fangen allerdings nur alte und kranke Vögel – das ist bei Männern auf der Jagd schon anders. Die Alten lassen sie meist links liegen, weil ihnen Junge besser schmecken.

2. *Ehrlich trennen*

Frauen schätzen Ehrlichkeit. Deshalb ist das Gespräch mit der Ehefrau auch dann zu suchen, wenn Sie ihn loswerden möchten und das gegebenenfalls aus eigener Kraft nicht schaffen. Vermutlich wird die Leidgeprüfte Ihnen so viel Übles über ihn erzählen, dass Sie ihn wirklich nicht mehr haben wollen. Nicht selten haben sich aus einer solchen Situation heraus allerdings schon gute Frauenfreundschaften entwickelt. Seien Sie aber bitte nicht völlig enttäuscht, wenn die so großzügig von Ihnen aufgeklärte Ehefrau Ihnen erbost die Tür weist.

Klingelt es nach einem solchen Gespräch unerwartet bei Ihnen und ist vor der Türe ein Umzugswagen zu sehen, müssen Sie sich verbarrikadieren und das Telefon abstellen. Rufen Sie seine Frau an und erklären Sie ihr, dass Sie das Ganze so nicht gemeint haben und sie ihn schleunigst wieder abholen soll. Macht er vor Ihrer Tür Theater (»Liebling …

bitte, mach doch auf ... Ich weiß doch nicht, wohin!«), rufen Sie die Polizei und zeigen Sie Ihren Schatz wegen Ruhestörung und Belästigung an. Zu solch einfachen Einsätzen fahren meist ganz junge, unverdorbene Polizisten, und wer weiß, vielleicht bietet sich hier schon die Möglichkeit, unverheirateten Ersatz zu finden.

Der alles anbaggernde Untreue

Der alles anbaggernde Untreue hat etwas von einem Insekt, und wenn er nicht gerade für sein Ego Nektar sammelt, fliegt er wie ein schillernd bunter Schmetterling von Blüte zu Blüte. Irgendwann saß er in Ihrem Kelch, sprich in Ihrer Wohnung, und bestäubte Sie mit seinem Charme. Auch wenn Sie schon wussten, dass er sehr experimentierfreudig ist, glaubten Sie, dass Sie ihn ändern könnten. Irgendwann war es soweit und Sie mussten schmerzlich feststellen, dass dies ein Irrtum war. Da gab es zum Beispiel das Musikfestival, bei dem er mit jeder Frau eng tanzte, nur nicht mit Ihnen. Und da war der Grillabend, bei dem er mit seiner Kollegin für drei Stunden verschwand, um Zigaretten zu holen (weil angeblich alle Automaten im Umkreis leer waren).

Selbstverständlich machte Sie das nervös. Sie begannen ihn zu beobachten und zu kontrollieren. Hin und wieder bekamen Sie kleine freundlich-diskrete Hinweise von Freunden und Bekannten, die alle so oder ähnlich lauteten: »Eine so tolle Frau wie du ist eigentlich viel zu schade für einen solchen Mann.« Oder: »Wenn du deinen Mann behalten willst, solltest du auch mal wieder etwas für dein Äußeres tun.«

Siehe da, Ihr Verdacht verdichtete sich immer mehr. Wenn er nach einem Tennisturnier erst um sieben Uhr morgens heimkommt und nach allem riecht, nur nicht nach Tennis, fallen Ihnen die mitleidigen und auch verständnislosen Blicke und Kommentare Ihrer Freunde ein. Nach einer durchwachten Nacht fühlen Sie sich traurig. Kein Wunder. Die selbstkritische Frage »Bin ich so blöd oder tue ich nur so« lässt sich wohl kaum noch aus Ihrem Kopf verdrängen.

Immer wenn Sie Ihrem Partner die naive Frage stellten: »Liebst du mich noch? Ich habe das komische Gefühl, du magst mich gar nicht mehr und andere dafür umso lieber?«, antwortete er gelangweilt: »Du siehst auch überall Gespenster mit deiner übertriebenen Eifersucht! Wenn du mich mit deinem Theater einer anderen in die Arme treiben willst, dann mach nur weiter so!«

Bauernschlau übte er sich zudem in einer anderen männlichen Betrügerstrategie, der des Angriffs: »Pass mal bloß auf, meine Liebe! Wenn ich noch einmal sehe, dass du einem anderen schöne Augen machst, ist es aus mit uns! Ich lasse mich nicht vereiern!« Dies sind ehrliche, wenn auch deftige Worte von ihm, denn er verfährt frei nach Napoleon: »Ich hasse den Verrat, ich liebe den Verräter!« Wen er da liebt, dürfte wohl klar sein: sich selbst und sonst keinen Menschen.

Sie wollen ändern und ihn nicht Ihrer Nachfolgerin überlassen und ein Fest feiern, weil Sie für ihn wirklich viel zu schade sind? Selbstverständlich, aber nach meinem Rezept kann die Trennung ebenso viel Spaß machen.

1. *Pflanzlich ändern*

Machen Sie diesem Mann klar, dass Promiskuität schwere gesundheitliche Folgen haben kann. Kochen Sie am Vorabend eines normalen Arbeitstages ein schweres Abendessen für ihn, in dessen Soße Sie reichlich Alkohol unterbringen. Sorgen Sie dafür, dass er bei der Mahlzeit mindestens zwei Flaschen Wein leert. Dies lässt sich leicht anstellen: Gießen Sie ihm immer wieder nach, nehmen Sie aber Ihr eigenes Glas beim Servieren mit in die Küche und füllen Sie sich dort immer wieder Traubensaft nach. Lassen Sie Ihren Liebsten danach noch einige Schnäpse kippen, »weil das Essen doch etwas schwer war«. Zögern Sie den Zeitpunkt des Zubettgehens so weit wie möglich hinaus.

Während er am frühen Morgen betäubt schläft, heben Sie vorsichtig seine Bettdecke hoch und streichen Ihrem Liebling mit ein paar Brennnesseln (Handschuhe anziehen!) zärtlich über sein so aktives Teil und auch über seine Oberschenkel. Decken Sie ihn dann fürsorglich wieder zu. Zehn bis zwanzig Minuten später sollte der Wecker klingeln. Was für ein schöner Morgen.

Selbstverständlich wird er etwas nervös wirken, Ihnen aber sein Problem mit den undefinierbaren brennenden Pusteln nicht anvertrauen. Dafür sollten Sie ihm beim ausgiebigen Frühstück unter dem Siegel der Verschwiegenheit erzählen, dass Katja, Uschi oder wie immer seine letzte Affäre heißt, wohl an einer ansteckenden, fast unheilbaren Geschlechtskrankheit leidet. Dabei dürfen Sie auf keinen Fall durchblicken lassen, dass Sie etwas von seiner Beziehung zu ihr wissen.

Die Rekruten der Bundeswehr sollen hin und wieder potenzdämpfende Tabletten bekommen, um ruhiger zu werden. Pflegen Sie daher Ihre Kontakte zu den Wehrdienst leistenden Söhnen Ihrer Freundinnen. Möglicherweise helfen diese Medikamente ja auch Ihrem Schatz. Kuriert ihn dies alles nicht dauerhaft, sind Hopfen und Malz verloren, aber Strategie Zwei wirkt umso besser.

2. *Scharf trennen*

In der Homöopathie wird Gleiches mit Gleichem geheilt. Ähnlich können Sie auch bei der Trennung von Ihrem untreuen Begleiter verfahren. Gönnen Sie ihm doch ganz einfach seine Affären. Richtig heiß sollten sie sein. Um ihm das nächste Abenteuer zu versüßen, zu verschärfen oder zu verderben kaufen Sie sich einige getrocknete Chilischoten. Diese pulverisieren Sie fein säuberlich im Mörser. Anschließend nehmen Sie eine Packung Kondome aus dem Nachttisch Ihres baldigen Ex-Partners und öffnen sie sehr vorsichtig.

Nehmen Sie die ersten drei bis vier Kondome heraus, öffnen Sie deren Verpackung wiederum, ohne Spuren zu hinterlassen, und füllen Sie jeweils in die Spitze ein wenig von dem Chilipulver. Rollen Sie das Kondom wieder so zusammen, wie es war, und stecken Sie es zurück in die Packung, die Sie sorgfältig mit Sekundenkleber zukleben.

Sollte Ihr Casanova trotz des oben genannten Erlebnisses (siehe Strategie Eins) kein Kondom benutzen, muss Strafe eh sein. Eine Prise Chili oder Pfeffer wird, in den schicken Fremdgeh-Boxershort oder Rippenslip gefüllt, auch ihre Dienste leisten. Stellen Sie die Gewürzpackung auf den Esstisch, bevor er von seinem nächsten Fremdgang nach Hause kommt, und fügen Sie als Erklärung ein Abschiedsgedicht von Rochefoucauld hinzu:

> Trennung lässt matte Leidenschaften verkümmern
> und starke wachsen,
> wie der Wind die Kerze verlöscht
> und das Feuer entzündet.

So soll's sein.

Der Entfernungsliebhaber

»Wo kommst du denn her?«, fragt er und lächelt Sie an. Braun gebrannt sieht fast jeder Mann gut aus, so auch er. Die locker-fröhliche Urlaubsatmosphäre erleichtert die Kontaktaufnahme und lässt seine Frage ganz natürlich erscheinen. Ihr zukünftiger Urlaubslover fragt allerdings aus Berechnung: Sollte sich nämlich herausstellen, dass Sie in der Nähe seines Heimatortes zu Hause sind, würde er sich schleunigst der nächsten Strandschönheit zuwenden und Sie einfach stehen lassen. Und das hätte nichts mit Ihrer Zellulitis zu tun.

Zu seinem Glück und Ihrem großen Bedauern liegen jedoch Welten, das heißt etliche Kilometer, zwischen Ihren Wohnungen. Die Romanze nimmt ihren Lauf. Gemeinsames Surfen und Tennisspielen, Kuscheln am Strand, die heiße Sonne auf den fast nackten Körpern, bildschöne Sonnenuntergänge und zärtliche Nächte geben Ihnen innerhalb von vierzehn Tagen das Gefühl, ihn schon ewig zu kennen. Als die Zeit des Abflugs näher rückt, weinen Sie bittere Tränen, aber er tröstet Sie mit dem Versprechen, dass Sie sich bald wiedersehen. Zur Erinnerung an die schöne gemeinsame Zeit schenkt er Ihnen noch ein Kettchen vom Hippiemarkt. Wie süß!

Zu Hause angekommen gießen Sie zunächst Ihre Blumen, stellen die Waschmaschine an, verstauen Ihre Kosmetikutensilien im Badezimmer, öffnen zur Erinnerung eine Flasche spanischen Sekt, setzen sich aufs Sofas und starren – das vom Clubfotografen aufgenommene Foto Ihres Lovers vor sich auf dem Tisch platziert – sehnsüchtig das Telefon an. Als es endlich klingelt, fragt Ihre Mutter, ob Sie gut angekommen seien.

Alle rufen an, nur er nicht. Ob ihm wohl etwas passiert ist? Ob er vielleicht nichts mehr von Ihnen wissen will? Nach zahlreichen Für- und Wider-Gesprächen mit Ihrer Freundin, fassen Sie sich ein Herz, greifen zum Telefonhörer und wählen seine Nummer. »Hier ist der elektronische Vertreter von Thomas ...« Mit klopfendem Herz legen Sie auf.

Doch da »Selbst ist die Frau« Ihr persönliches Motto ist, lassen Sie sich von diesem Ereignis nicht abschrecken. Sie versuchen es so lange, bis Sie ihn endlich an der Strippe haben. »Oh, Schatzi, du bist das!«, säuselt er begeistert in Ihr leicht gerötetes Ohr. »Ich habe dich schon so vermisst. Ich hätte mich schon längst gemeldet, aber ich hatte so viel zu tun. Der Job frisst mich schon wieder auf. Wie geht es dir denn?«

Selbstredend wird das ein wunderschönes, langes und intensives Gespräch (auf Ihre Kosten), und Sie verabreden sich für ein Treffen im nächsten Monat (weil der Job ihn ja auffrisst und er so viel zu tun hat, sich aber so nach Ihnen sehnt). Und so geht es dann hin und her zwischen München und Berlin, Friedrichshafen und Bottrop oder wo Sie beide sonst wohnen. Ihr Kontostand sinkt bedenklich in den Minusbereich, weil die Fahrtkosten mittlerweile Ihren Finanzplan sprengen (und Sie ihn viel öfter besuchen als er Sie). Irgendwann schlagen Sie ihm mutig vor: »Was hältst du davon, wenn wir diese anstrengende Wochenendbeziehung beenden und zusammenziehen?«

Sie haben erwartet, dass er Ihr Angebot, das einer großen Liebeserklärung gleichkommt, freudestrahlend annimmt. Dumm gelaufen. Er schreckt zusammen, murmelt etwas Undefinierbares, packt seine Tennissachen ein und macht sich für einige Stunden davon. Das gibt Streit, ganz klar! Und der wird sich über Monate hinziehen.

Es entwickelt sich eine Gummibandbeziehung: Wenn Sie sich distanzieren (sich also von ihm lösen wollen, weil das ja doch alles keinen Sinn mit ihm hat), kommt er auf Sie zu. Sind Sie dann wieder auf Wolke sieben, lässt er Sie schleunigst wieder herunterplumpsen, indem er sich betont distanziert gibt.

Das macht Sie fertig? Dann bleiben Ihnen nur zwei Möglichkeiten: Entweder machen Sie ihm klar, dass er sich endlich für Sie entscheiden muss. Oder Sie fahren ohne ihn in den nächsten Cluburlaub.

1. Distanziert ändern

Es ist kaum möglich, einem bindungsängstlichen Mann seine Furcht vor Nähe zu nehmen. Sie können noch so oft beteuern, dass Sie ihn lieben – es verschreckt ihn nur noch mehr. Viel hilfreicher ist es, kaum noch für ihn Zeit zu haben, seine Nachrichten auf dem Anrufbeantworter nur selten zu beantworten und insbesondere nachts das Telefon ganz abzustellen. Sobald er Angst hat, Sie zu verlieren, werden Sie ihm wichtiger werden als alles andere, was zuvor für ihn Bedeutung hatte.

Sagen Sie gemeinsam geplante Wochenenden kurzfristig mit der lapidaren Begründung ab, Sie hätten ganz vergessen, dass Ihre Oma Geburtstag hat, Sie bei ihrer Freundin Kinder hüten oder Ihren gutaussehenden alleinstehenden Chef auf ein Seminar begleiten müssen. Halten Sie ihn auf Abstand und er wird sich mehr als je zuvor um Sie bemühen.

Zum Traualtar werden Sie ihn vermutlich trotzdem nur unter Alkoholeinfluss schleppen können. Wie wäre es also mit einer Überraschungshochzeit in Las Vegas? Wenn er nicht so gut Englisch spricht, macht das nichts. Ein einfaches »Yes« dürfte reichen. Ansonsten würde sich jedes andere Land anbieten, dessen Sprache er nicht versteht und in dem man auf unkonventionelle Art den Bund fürs Leben schließen kann. Je exotischer der Ort, desto weniger wird man sich über sein merkwürdiges Verhalten wundern.

Wenn Sie ihn erst einmal richtig eingefangen haben, wird er sich mit der Situation abfinden und nur hin und wieder den Wunsch äußern, einmal mit seinen Freunden in Urlaub fahren zu dürfen, um Ihrer Nähe zu entkommen. Seien Sie großzügig. Er wird sich vor anderen Frauen genauso fürchten wie vor Ihnen. Und noch mehr Bindung kann er sowieso nicht ertragen.

2. *Mit Nähe trennen*

Sie wollen ihn loswerden? Nichts leichter als das. Überraschen Sie ihn während der Woche an seinem Arbeitsplatz, um ihn zum Essen einzuladen. Richten Sie sich für ein paar Wochen in seiner Wohnung ein. Stellen Sie ihn überraschend Ihren Eltern vor oder statten Sie gar seinen Eltern einen Überraschungsbesuch ab. Sprechen Sie laut und häufig darüber, dass Sie sich mindestens fünf Kinder wünschen und die Pille schon vor zwei Monaten abgesetzt sowie Ihren Job gekündigt haben. Er wird schneller weg sein, als Sie glauben.

Funktioniert diese Methode nicht, so wissen Sie zumindest eins: Er hat gar keine Bindungsangst. Nun müssen Sie sich allerdings fragen, wie es mit Ihrem Bindungswillen steht. Eigentlich wollen Sie gar keine feste Beziehung, und das ist Ihnen jetzt erst klar geworden? Kein Problem. Stöbern Sie ein wenig bei den anderen Männertypen. Da ist bestimmt auch das Richtige für Sie dabei.

Der eifersüchtige Du-gehörst-nur-mir-Mann

»Du bist die einzige für mich! Niemals habe ich eine Frau so wie dich geliebt. Ohne dich wäre mein Leben sinnlos!« Diese Worte hat er Ihnen nun schon zum x-ten Mal ins Ohr geflüstert. Sind Ihre Ohren noch dran?

Solche Signalsätze sollten Frauen nicht wie das Vogelgeträller an einem Frühlingsmorgen aufnehmen, sondern wie Alarmglocken bei einer Feuersbrunst. Ihre Nackenhaare haben sich nicht gesträubt? Sie verspürten einen wohligen Schauer am ganzen Körper? Machen Sie sich nichts draus. Denn das liegt lediglich daran, dass viele Frauen auf die Berührungen ihrer Ohren, die auch zu den erogenen Zonen gehören, bisweilen mit Hörfehlern reagieren.

Auch als er in der Bar den netten Mann neben Ihnen anschnauzte, der Sie lediglich um Feuer gebeten hatte, reagierten Sie noch nicht beunruhigt. Erst als er Ihren Steuerberater die Treppe hinunterwarf und Ihre beste, straight heterosexuelle Freundin als »gemeingefährliche Lesbe« beschimpfte und ihr das Haus für alle Zeiten verbot, da begannen Sie sich zu wundern. Na ja, besser spät als nie.

Es hilft alles nichts, Sie werden nicht so weiterleben wollen, sondern entweder den sehnlichsten Wunsch verspüren, ihn ändern zu können oder sich von ihm zu trennen. Keines von beidem wird einfach werden. Tun Sie es dennoch mit (Galgen-) Humor.

1. Evolutionsmäßig ändern

Schlagen Sie ihn mit seinen eigenen Waffen. Benehmen Sie sich übertrieben eifersüchtig. Inszenieren Sie einen hysterischen Weinkrampf, wann immer er sich im Fernsehen Cindy Crawford ansieht, drohen Sie ihm mit getrennten Betten, wenn er sich anerkennend über Claudia Schiffer äußert oder hetzen Sie ihm einen dilettantischen Detektiv auf den Hals, dessen Überwachungsversuche er sofort mitbekommt.

Da extrem eifersüchtige Männer häufig von sich auf andere schließen, sollten Sie allerdings nicht zu sehr überrascht sein, wenn Ihr stümperhafter Sherlock Holmes herausfindet, dass Ihr Herzallerliebster gar nicht so treu ist, wie er es immer von Ihnen verlangt. Lesen Sie hierzu auch die Strategien gegen untreue Männer (siehe Seite 51f).

2. Mit Pierre Brice trennen

Machen Sie die Geschichte mit dem Indianerhäuptling wahr. Versäumen Sie jedoch nicht, zuvor eine Unfall- und eine Hausratversicherung abzuschließen, wenn Sie nicht anschließend vom Medizinmann verarztet werden und in einem Zelt hausen wollen. Ansonsten können Ihnen typübergreifend die Tipps zur Behandlung des »Brutalos« (siehe Seite 61ff) oder des »aggressiv Gehemmten« (siehe Seite 68f) helfen. Unter Umständen kennen Sie auch eine opferwillige Indianerbraut, die Sie ihm vermitteln könnten. Sie sollte zuvor mit einem Gleichgültigen zusammengelebt haben und sich nichts sehnlicher wünschen, als auf Schritt und Tritt überwacht zu werden. So etwas soll es ja, wenn auch selten, geben.

Der Brutalo

Man stellt ihn sich mit grobem, narbenzerfurchtem Gesicht, Stiernacken und Ringel-T-Shirt über dem Bierbauch vor. Doch wenn er so leicht zu erkennen wäre, gäbe es nicht Frauen, die in ihrem Leben nichts zu lachen haben, weil sie sich von ihm haben täuschen lassen. Der Brutalo kann sich in jedem Gewand verstecken: vom Superschicken bis zum Gammeligen, vom Intellektuellen bis zum geistigen Tiefflieger.

Man erkennt ihn weniger an seinem Äußeren als an seinem Verhalten anderen Menschen, vor allem weiblichen, gegenüber. Denn bevor er wirklich zuschlägt, setzt er zahlreiche eindeutige Signale, die Frauen gern übersehen. Er akzeptiert kein Nein als Nein. Seine Grundeinstellung, nach der lediglich sein Wort gilt, lässt sich bei ihm in allen Lebensbereichen feststellen.

Diese Gattung liebt nicht nur lautstarke Auseinandersetzungen, sondern nimmt dabei auch eine drohende Körperhaltung ein. Er fühlt sich unentwegt provoziert, ist nicht konfliktfähig, verspürt keine Toleranz und auch kein Mitleid und versucht, seine Minderwertigkeitsgefühle durch Dominanz in allen Lebenslagen zu kompensieren. Weil er permanent unter Spannung steht, muss er sich Luft machen wie eine Wasserkessel mit Überdruck. Dies kann sich so äußern, dass er der Frau, mit der er sein Leben teilt, bei kleinsten Differenzen mit Trennung und Geldentzug oder der Wegnahme der Kinder droht, so beleidigend wird, dass es richtig wehtut, mit Gegenständen nach ihr wirft, die Wohnungseinrichtung zertrümmert und vieles mehr.

Er ist ein Mensch, der schnell aus seinen Erfahrungen lernt. Auf der einen Seite benötigt er Widerstand, damit er seine Grenzen erkennen lernt, auf der anderen Seite ist er immer bestrebt, Widerstände zu brechen, um daran scheinbar zu wachsen. Das kann so weit gehen, dass er Sie nicht nur auf Schritt und Tritt kontrolliert und reglementiert, sondern sich auch dazu berufen und berechtigt fühlt, Sie zu bestrafen, sollten Sie sich nicht so verhalten, wie er es wünscht.

Ein Mann, der andere das Fürchten lehrt, um die eigene Ohnmacht zu besiegen, genießt dieses Machtspiel und fühlt sich, um den Kreislauf der Gewöhnung zu durchbrechen, zu immer extremeren Handlungen getrieben. Dazu kann gehören, dass er damit droht, sich das Leben zu nehmen, sollten Sie nicht tun, was er will. Letztendlich wird er aber eher Sie physisch und/oder psychisch zerstören. Über diesen Männertyp kann man nicht lachen, so armselig und lächerlich er eigentlich auch ist. Selbst Galgenhumor ist hier fehl am Platz.

Sollten Sie an ein solches Exemplar geraten sein, das Ansätze zu gewalttätigem Handeln zeigt, sollten Sie gut überlegen, ob es wirklich möglich ist, ihn zu ändern. Können und wollen Sie damit leben, Ihren besorgten Freundinnen zu erzählen, dass Sie wieder einmal versehentlich mit dem Auge an der Türklinke hängen geblieben sind? Weder die Trennung von diesem Mann noch seine Veränderung sind einfach, weil er Ihnen nach seinen Ausrastern generell beteuern wird, wie sehr er Sie liebt. Durch dieses Sich-Abwechseln von Brutalität und Zuwendung entsteht nicht selten ein schwer zu durchbrechender Kreislauf von gegenseitiger Abhängigkeit.

1. An die Leine legen und ändern

Männer mit der Veranlagung oder der Bereitschaft zur Gewalt wissen oft ganz rührende Geschichten über ihre schlimme Kindheit, ihre lieblose Mutter, den strengen Vater sowie den ekelerregenden Kohlgeruch, der ihr Heim durchzog, zu berichten. Diese Storys erzählen sie in der Regel, kurz nachdem sie eine/ihre Frau grün und blau geschlagen oder die Wohnungseinrichtung in alle Einzelteile zerlegt haben – das alles nur, weil sie ihre Frauen so sehr lieben.

Öfter als man glauben mag, fallen Frauen auf diese »Entschuldigungen« hinein, beruhigen sich selbst damit, dass ihr Brutalo sich ihnen gegenüber zum ersten Mal geöffnet habe – auch wenn es das dritte, vierte oder fünfte Mal ist. Frauen, die sich selbst belügen, sollten sich überlegen, was in ihrem eigenen Leben schief gelaufen ist, dass sie eine derartige Opferbereitschaft und Abhängigkeit entwickelt haben. Dies hilft wesentlich mehr, als ihn dafür zu bedauern, dass er mal wieder rotgesehen hat. Wenn Sie einen derartigen Mann noch zu lieben glauben, kann Ihnen beiden nur geholfen werden, indem Sie eine Therapie besuchen und lernen, anders miteinander umzugehen. Sollten Sie wirklich noch positive Gefühle für ihn hegen, sollten Sie ihm Sicherheit vermitteln und immer wieder deutlich machen, dass Sie ihn lieben, aber dennoch Ihren eigenen Weg gehen werden.

Eine räumliche Trennung kann hier manchmal Wunder wirken, allerdings nur, wenn Ihr Partner bereit ist, an sich zu arbeiten – und Sie weder abends mit einem harten Griff in den Nacken vor Ihrem alleinigen Domizil abfängt noch Ihre Kinder entführt, um Sie dazu zu erpressen, wieder mit ihm zusammenzuziehen.

In keinem Fall schaden kann ein Selbstverteidigungskurs, in dem Sie nicht nur einige Schläge und Griffe lernen, um sich zu wehren, sondern der Sie auch die nötige innere Haltung lehrt, um Ihrem Partner selbstbewusst entgegenzutreten.

2. *Mutig trennen*

Männer, die Spaß daran haben, ihre Frauen zu verprügeln, verlieren diese nur ungern, denn an wem sollen sie dann ihre Aggressionen auslassen? Die Trennung von einem solchen Mann anzustreben ist sicher mit vielen Ängsten verbunden.

Betroffene Frauen sind gut beraten, tief in ihrem Inneren zu graben und sich auf die Suche nach ihrem eigenen Aggressionspotential zu machen, um Mut für eine Trennung zu finden. Auch hier ist ein Selbstverteidigungskurs nicht die schlechteste Möglichkeit, um gegen weitere Angriffe gewappnet zu sein und die eigene Würde nicht völlig zu verlieren.

Sie sollten gleich Ihre Freundinnen mit in den Kurs nehmen. Denn sollte es zu weiteren Übergriffen seitens Ihres Ex-Partners kommen, ist die Polizei meist nicht besonders schnell zur Stelle. Und Männer fürchten nichts so sehr wie eine Horde Frauen, denen die Bereitschaft zuzuschlagen ins Gesicht geschrieben steht. Ob Sie ihm dann wirklich noch ein Haar krümmen müssen, sei dahingestellt. Manchmal genügt schon dieser mentale Denkzettel.

Mangelt es Ihnen gerade an Freundinnen, könnte sich auch ein kleiner Flirt mit dem Kursleiter als nützlich erweisen und außerdem das angekratzte Selbstbewusstsein wieder aufpolieren. Ansonsten gibt es da noch die Rechtsanwälte, mit deren Hilfe Sie Ihrem »Brutalo« auf längere Sicht den Garaus machen. Dass Sie sämtliche Misshandlungen entsprechend dokumentieren, ist eine Voraussetzung dafür, dass auch er einmal bluten muss.

Zuckersüße Nervensägen

Liebe Männer sind schwer umzuerziehen oder zu beseitigen, weil sie einfach nicht erkennen wollen, wenn ihr Verhalten nicht gefragt ist oder es gar »aus« ist. Da hilft nur – auf den jeweiligen Persönlichkeitstyp abgestellt – Konsequenz in allen Lebenslagen. Sehen wir uns die Lieben einmal genauer an.

Das Muttersöhnchen

Ihn sofort zu erkennen, fällt nicht immer leicht, weil man ihn ja nicht gleich beim ersten Treffen fragen kann: »Und wie ist deine Mutter so?« Sind Sie an ein Muttersöhnchen geraten, merken Sie aber trotzdem schnell, was mit ihm los ist. Ganz klar, seine Mama, Mami oder Mutti steht für ihn immer an erster Stelle. Er liebt und fürchtet sie gleichermaßen. Er wünscht sich, dass seine Freundin – also möglicherweise Sie – so wie Mutti wäre, denn Mutti ist einfach die beste, und keine Frau ist so toll wie sie.

Er erzählt Ihnen mit Tränen der Rührung in den Augen, wie traumhaft schön seine Kindheit war, von den ersten Fecht-, Schwimm- oder Ballettstunden, zu denen Mutti ihn begleitet hat oder von seinen Erfolgen im Knabenchor oder bei den Pfadfindern der christlichen Gemeinde. Sollte er Sie mit einer Kostprobe seiner Begabung beglücken wollen, wenden Sie sich bitte nicht erschrocken ab. Selbst wenn schon all Ihre Alarmglocken läuten, nehmen Sie die Darbietung mit, denn so etwas wird Ihnen vermutlich nicht so schnell wieder geboten werden.

Entweder will er Sie ganz schnell seiner Mutti vorstellen, weil sie schließlich als seine Erziehungsberechtigte ein Mitspracherecht hat, was alle wichtigen Entscheidungen in seinem Leben angeht, oder aber er hält Sie lieber versteckt, weil er sich ein wenig vor Muttis Reaktion fürchtet. Auch wenn Sie seine Mutter nicht kennen lernen, finden Sie sich damit ab, dass sie trotzdem immer in Ihrer beider Nähe sein wird.

Besonders strapaziös wird es, wenn seine Mutter alleinstehend und daher seiner Meinung nach zwangsläufig einsam ist. Denn dann fühlt er sich für ihr Glück verantwortlich, und in diese Verantwortung wird er Sie gerne mit einbinden. Können Sie mit so einem Mann wirklich leben?

1. Geschickt ändern

Solidarisieren Sie sich mit seiner Mutter, denn sie kennt ihren Ödipussi am besten, und erstellen Sie eine Strategie. Belohnen Sie ihn, wenn er einmal ausnahmsweise zu seiner Mutter frech ist. Bedenken Sie aber bitte, dass nicht jede Mutter etwas für ihren Sohn kann.

Melden Sie ihn in der Seniorenmannschaft des Fußballvereins an, damit er etwas härter wird, und spendieren Sie den Jungs dort hin und wieder einen Kasten Bier, damit sie ihn auch wirklich mitspielen lassen.

Seufzen Sie lustvoll und sehnsüchtig, wenn Sie im Fernsehen echte Männer sehen, die es – ohne Ihnen sämtliche Illusionen rauben zu wollen – dennoch nur dort in dieser Art und Weise gibt. Er könnte durch die Maßnahme Vorbilder entwickeln, die zumindest in Bruchteilen von Muttis Vorstellungen abweichen.

Lassen Sie ihn, wenn er Ihnen gegenüber trotzig wird, auf keinen Fall in eine Männer-Selbsterfahrungsgruppe gehen, weil sich dies entwicklungshemmend auswirken kann. Außerdem wird er Ihnen sonst ständig von diesen Treffen erzählen wollen, und Ihnen reichen doch wohl die ermüdenden Lobeshymnen auf Mutti.

Kochen Sie ihm nie etwas, das seine Mutter ihm bereits gekocht hat. Schließlich wollen Sie, dass er seinen Horizont erweitert.

Last but not least sollten Sie auf jeden Fall mit ihm gemeinsam den Film »Ödipussi« von und mit Loriot anschauen, sich dabei vor Lachen auf dem Sofa kugeln und fröhlich ausrufen: »Schatzi, ist der süß, der ist genauso wie du!« Oder Sie wählen die andere Variante und sagen ganz ernst: »Also mit so einem könnte ich nie zusammenleben.« Sie können auch die Reaktion Ihres Partners auf verschiedene Varianten austesten.

2. Gemein trennen

Solidarisieren Sie sich mit seiner Mutter, wenn Sie das Gefühl haben, dass sie auf keinen Fall ein eigenes Leben führen möchte und sich nichts sehnlicher wünscht, als ihr Kind wieder an ihren Busen zu drücken. Sie wird dann bestimmt die Erste sein, die Sie bei Ihren Trennungsabsichten unterstützt.

Wenn Sie sich von ihm trennen wollen, sollten Sie tunlichst vermeiden, ihn zu einer Entscheidung zu zwingen, die da lautet »Deine Mutter oder ich«, denn sollte er sich dummerweise für Sie entscheiden, werden Sie ihn garantiert nie mehr los. Laden Sie Ihren Schwiegeralbtraum zu Kaffee, Kuchen und hochprozentigen Likörchen ein und erzählen Sie

Mutti, sobald ihre Sinne durch den Alkohol ein wenig getrübt sind, ausgiebig von den zahlreichen schrecklichen Erbkrankheiten in Ihrer Familie, von Ihren absonderlichen sexuellen Gelüsten und von Ihrem entsetzlich hohen Schuldenberg.

Wenn das nicht hilft, sie dazu zu bewegen, sich mit Gewalt in Ihre Beziehung einzumischen und ihrem Sohn mit Enterbung und Kontaktbruch zu drohen, sollte er nicht schleunigst einen Schlussstrich ziehen, haben Sie vermutlich nur noch die Chance, klammheimlich in eine andere Stadt zu ziehen.

Der aggressiv gehemmte Nägelkauer

Dass Sie auf den reingefallen sind ... ganz ehrlich, da muss es Ihnen aber sehr schlecht gegangen sein. Denn man erkennt ihn eigentlich schon auf den ersten Blick, insbesondere wenn er sitzt.

Irgendwie scheint er sich nämlich vor Stühlen zu fürchten, denn er berührt sie nur soviel wie eben nötig mit seinem Hinterteil, sprich, er sitzt auf der äußersten Stuhlkante. Dabei presst er die Oberschenkel so fest aneinander, dass man glauben könnte, er hätte Angst davor, dass ihm jemand etwas wegguckt. Die Unterschenkel spreizt er nach außen, wobei er die Fußspitzen, um dem harmonischen Gesamtbild seiner Körpersprache zu entsprechen, wiederum nach innen stellt. Eine feuchte Hand hält er so gut wie immer zwischen die besagten Schenkel gepresst. Die andere ist entweder damit beschäftigt, seine Finger einer intensiven »Nagelpflege« mittels seiner nikotingelben Zähne zu unterwerfen, oder sie hält – mit abgespreiztem kleinem Finger – eine Tasse Kaffee fest.

(Als Warnung sei an dieser Stelle noch verraten, dass dieser Typ Mann, ist an den Nägeln zum Bearbeiten nichts mehr dran, heimlich und selbstversunken manchmal auch seine Popel isst. Nun müssen Sie sich doch nicht ekeln, schließlich haben Sie ihn sich ja selbst ausgesucht. Jede kann mal Pech haben.)

Außerdem überlässt er alle Entscheidungen Ihnen, weil er selbst sich nicht entscheiden kann und kontroverse Gespräche fürchtet.

Er gehört in die Gruppe der lieben Männer, die zu allem Ja sagen, auch wenn Ihnen etwas gar nicht in den Kram passt. Daher leidet er nicht nur unter nervösen Spannungen, sondern auch unter erheblichen unterdrückten Aggressionen. Als Liebchen kann er sie allerdings nicht ausleben und richtet sie daher gegen sich selbst. Sofern Sie nicht unter einem Helfersyndrom leiden, wird er Sie recht schnell reizbar machen, weil er unter anderem nicht in der Lage ist, Sie anzuschauen, was den Vorteil haben könnte, dass es ihm nicht auffällt, wenn Sie schon wieder viel Geld für etwas Neues, Schickes zum Anziehen ausgegeben haben.

Das Problem ist, dass solche Männer es gerade auf progressive Frauen abgesehen haben und komischerweise gerade von diesen das meiste Verständnis bzw. die meiste unverdiente Rücksichtnahme erhalten. Obwohl man ihnen dies nicht zutraut – und das ist ja gerade die Falle, in die Frauen viel zu oft tappen –, sind diese Jungs nämlich äußerst geschickte Strategen.

1. Einfühlsam ändern

Diesen Mann sollte man trotzdem nur mit äußerster Vorsicht zu ändern versuchen, möglicherweise, weil er viel Geld oder andere materielle Qualitäten hat, und Trennungsmaßnahmen vorsichtig in die Wege leiten. Wird er zu sehr gereizt, kann er nämlich wirklich gefährlich werden.

Wenn Sie wirklich den absurden Wunsch hegen, ihn ändern zu wollen, müssen Sie sich auf ein langfristiges Programm einrichten. Zunächst wäre es sinnvoll, ein Psychologiestudium zu beginnen, denn ohne therapeutische Ausbildung wird die Umerziehung vermutlich zu einem hoffnungslosen Unterfangen. Sie könnten aber auch gemeinsam mit ihm zum Seelendoktor gehen, vielleicht können Sie ja hier gleich Ihr Helfersyndrom mitbehandeln lassen?

2. Trennen mit Polizeischutz

Die aggressiv Gehemmten können einen leidenschaftlichen Rosenkrieg beginnen, wenn sie sich verraten fühlen. Ihm können Sie nur durch lange und mühsame Gespräche beibringen, dass er viel zu schade für Sie ist, und ihm versichern, dass Sie ihn trotz der Trennung immer noch schätzen und respektieren.

Verabreden Sie am besten eine Trennung auf Zeit. Wenn Sie eine gute Freundin haben, könnten Sie diese möglicherweise überreden, ihn nur ein einziges Mal anzubaggern ... turtelnd ertappen. Wenn Sie Glück haben, fühlt er sich dann so schuldig, dass er Sie in Ruhe lässt.

Ihre Freundin hat dann zwar ein Problem, aber Sie können ihr dann ja besonders gut helfen. Dafür sind Freundinnen schließlich da. Wenn Ihnen Ihre Freundin dafür zu schade ist, was ja verständlich wäre, oder sie Ihnen bezüglich Ihrer Bitte einen Vogel zeigt, so bleibt noch die Möglichkeit, sich an eine diskrete Agentur zu wenden, die die Sache gegen Geld für Sie erledigt. Die meisten Scheidungen sind recht teuer. Also sollte es Ihnen schon etwas wert sein, sich von diesem Albtraum zu befreien.

Das Klammeräffchen

Er ist ein Mann, der Sie ganz »doll« lieb hat. Er hat Sie ja wirklich so lieb. Auch wenn Sie mal mit ihm böse sind, hat er Sie dennoch so lieb. Deshalb dürfen Sie auch nie ohne ihn weggehen, und er hat auch schon überlegt, ob er nicht von seiner Firma zu Ihrer wechseln soll, damit Sie immer zusammensein können – weil er Sie ja so lieb hat.

Er sagt Ihnen auch ständig, dass er Sie so lieb hat, er ruft Sie sogar mehrfach täglich im Büro an. Auch wenn andere dabei sind, sagt er es Ihnen, denn es soll ruhig jeder wissen, dass er Sie ... Und weil er wissen will, wie Sie so zu ihm stehen, fragt er Sie bestimmt alle fünf bis zehn Minuten: »Hast du mich denn auch lieb?«

Klassisches Symptom des Klammeräffchens ist auch, dass er Ihnen nicht nur immer wieder sagt, wie sehr er Sie schätzt, sondern Ihnen das auch zu Hause und in der Öffentlichkeit zeigt. Und so gibt er Ihnen, ob Sie zum Kaffeetrinken bei Ihren Eltern eingeladen sind oder mit ihm zu einem Geschäftsessen im Nobellokal eingeladen sind, immer wieder gern ein feuchtes Küsschen. Schmatz! Selbstverständlich legt er auch überall seinen Arm um Sie, schließlich soll ja jeder sehen, dass Sie sein Herzblatt sind.

Ihren Namen hat er komplett vergessen, dafür hat er zahlreiche niedliche Koseworte für Sie erfunden, womit er kundtut, dass er über die große Liebe zu Ihnen hinaus auch noch ein großer Tierfreund ist. Plötzlich mutieren Sie zum »Hasilein«, zum »Mausebärchen«, zum »Spätzchen« und zu guter Letzt auch noch zum »Fröschchen«, womit er (als Frosch) möglicherweise unterbewusst verdeutlichen will, wie gut Sie beiden doch zusammenpassen.

Auch folgt er Ihnen auf Schritt und Tritt. Nicht nur, dass er Ihnen in der Wohnung hinterherläuft und Sie sich schon automatisch abmelden, wenn Sie nur zur Toilette gehen, nein, er begleitet Sie auch glücklich – zum Schrecken Ihrer kopfschüttelnden Freundinnen – mit zum Frauentreff, ist Weiberfastnacht nicht von Ihrer Seite zu bewegen, sitzt, Händchen haltend und das Gespräch rege kommentierend, neben Ihnen auf dem Sofa, wenn Sie telefonieren usw.

Ja, davon träumen doch zahlreiche Frauen, einen so aufmerksamen Partner zu haben, wenigstens in der ersten Woche des Zusammenseins. Danach, so berichten betroffene Frauen leicht gequält, sollen solch originelle kontinuierliche Liebesbezeugungen doch von ihrer Wirkung her etwas nachlassen. Der Mann, der hat was! Etwas, das eine Frau wahnsinnig macht, wenn sie nicht selbst so veranlagt ist. Ändern oder Trennen, das ist hier die Frage.

1. Ändern mit Liebe

Mit Klammeräffchen ist es so wie mit kleinen Kindern, die sich hin und wieder in der »Mutti-bleib-bei-mir«-Phase befinden. Bei großen und kleinen Kindern hilft hier nur pädagogisches Geschick, liebevolle Strenge und Konsequenz. Wenn Sie keine Erfahrung mit der Kindererziehung haben, so sollten Sie sich den Erziehungsklassiker *Kinder fordern uns heraus* kaufen und die Tipps auf Ihr Äffchen anwenden.

Darüber hinaus können Sie bei ihm nur mit klaren, manchmal auch autoritären Verboten arbeiten. Wenn er fröhlich gestiefelt und gespornt im Flur steht und Sie zu Ihrem Frauentreff begleiten will, sagen Sie lediglich: »Ich habe dich ja so lieb, und du bleibst heute zu Hause.« Erzählen Sie ihm aber bloß nicht, wo Sie hingehen, weil er sonst hinter Ihnen her telefonieren wird oder Ihnen gar hinterherläuft.

Lassen Sie Ihr Handy ausgeschaltet und berichten Sie ihm anschließend von irgendwelchen Handylöchern, die einen Empfang unmöglich machten. Besorgen Sie ihm für die Zeit des Alleinseins eine sinnvolle Beschäftigung wie die Erledigung des Abwaschs. Sagen Sie ihm, dass Sie ihn noch viel lieber haben, wenn er sich nützlich macht, während Sie fort sind. Außerdem muss er sich – durch die zahlreichen Aufgaben abgelenkt – nicht fragen, ob Sie ihn denn immer noch ...

Erlauben Sie ihm, nur noch einmal am Tag zu einer festgelegten Uhrzeit bei Ihnen im Büro anzurufen, und nehmen Sie, wenn seine Nummer im Display erscheint, einfach nicht ab. Er wird schnell lernen. Oder gar nicht.

2. *Psychologisch wertvoll trennen*

Es wird lange dauern, bis er versteht, dass Sie ihn nicht mehr lieben. Wenn Sie ihm auf seine Fragen: »Hast du mich noch lieb?« klar und präzise mit »Nein, hab ich nicht!« antworten, wird er flugs einen Hörfehler entwickeln und seine Anstrengungen verstärken, Ihnen zu beweisen, wie wichtig Sie ihm sind. Das kann fürchterlich ermüdend werden.

Insbesondere wenn er Ihnen einen Brief schreibt, mit dem er zum Ausdruck bringt, dass er das Leben ohne Sie für nicht mehr lebenswert hält, und er – sollten Sie Ihre Meinung über eine Trennung nicht ändern wollen – aus dem Leben scheiden wird. Wenn Sie ihn nicht für wirklich suizidgefährdet halten und zu seinem eigenen Schutz in eine Klinik einweisen lassen möchten, könnte es hilfreich sein, verständnisvoll mit ihm zu besprechen, welche Selbstmordmethoden die ratsamsten sind. Alles hat ja sein Für und Wider.

Nimmt er Tabletten, wird man ihm vermutlich den Magen auspumpen, springt er von einer Brücke, könnte er überleben und gelähmt sein, fährt er sein Auto gegen einen Baum, könnte er andere Menschen verletzen und bleibt bei seinem Glück vielleicht selbst völlig unversehrt, außerdem gehört der Wagen Ihnen. Machen Sie ihm einleuchtend deutlich, dass Sie ihm im Genesungsfall keinesfalls zur Seite stehen werden, sondern die Zeit nutzen werden, um sich eine neue Bleibe zu suchen oder seine Sachen ins Männerhaus zu verfrachten.

Sollte er dennoch nicht begreifen, dass Sie keine Lust mehr auf ein Klammeräffchen haben, könnten Sie ihm demonstrieren, dass Ihr Herz für einen anderen schlägt, zum Beispiel einen Gorilla aus der Muckibude, sprich: dem Fitnessstudio. Das könnte ihn beeindrucken.

Dafür werden Sie sich zu einem Lady-Fitnesskurs im Wellnesscenter für Frauen und Männer anmelden, ein paar Hanteln stemmen und sich mit starken Männern gemeinsam ein paar Eiweißdrinks genehmigen müssen. Erzählen Sie denen davon, dass Sie ein Krafttraining begonnen haben, weil Sie sich vor Ihrem Ex-Freund fürchten. Wartet dieser dann vor der Tür auf die Beendigung Ihres schweißtreibenden Trennungs-Täuschungsmanövers, so schauen Sie sich nach dem muskelbepacktesten Typen um und kreischen, mit dem Finger hilflos auf Ihren baldigen Ex-Partner deutend: »Der da, der belästigt mich! Hilfe!«

Wenn Sie nicht schon einen geeigneten Kandidaten gefunden haben oder ihn nicht wie vorgeschlagen abschrecken möchten, fragen Sie einen Ihrer Freunde, ob er in dessen Beisein bereit ist, den Lover zu spielen. Ist Ihnen das zu peinlich, so wenden Sie sich an eine Studenten-Arbeitsvermittlung oder lungern ein wenig vor einer Schauspielschule herum. Die Schauspielerei ist, solange man noch nicht berühmt ist, bekanntermaßen eine eher brotlose Kunst, und der eine oder andere nette Junge wird sich gegen ein entsprechendes Honorar sicher bereit erklären, seine Künste auf der Bühne des Lebens ein wenig unter Beweis zu stellen. Viel Text muss er ja auch nicht lernen, schließlich soll er nur immer wieder sagen: »Ich hab dich ja so lieb!«

Der Dackelblickmann

Es gibt zwei Sorten von Dackelblickmann, die nur gemeinsam haben, dass sie einen eben so anschauen wie besagter Hund. Von ihrem Wesen her sind sie jedoch völlig verschieden.

Da kennen wir einmal den, dessen seelenvolle Blicke tief gehen. Sie können sich sicher noch gut an das Gefühl erinnern, als er »Schau mir in die Augen, Kleines« zu Ihnen zu sagen schien und Ihr Herz erwartungsvoll zu hüpfen begann. In Wirklichkeit hat er es aber gar nicht gesagt und als er Ihnen in die Augen sah, keinesfalls etwas Ähnliches gemeint. Vermutlich kennt er noch nicht einmal den Film »Casablanca«. Möglicherweise hat er die Masche, so zu schauen, dass Frauen ihm zu Füßen liegen, schon als kleiner Junge geübt, oder er hat einen Sehfehler. Wahrscheinlich schielt er, schauen Sie ihn einmal ganz genau an!

Sie haben es längst erkannt, er sieht Sie insbesondere dann dackelmäßig an, wenn er sich ungerecht behandelt fühlt, weil Sie zum Beispiel vergessen haben, seinen Lieblingswein zu kaufen. Oder er will Sie zu etwas motivieren, was Sie eigentlich nicht wollen, wie nach einem anstrengenden Arbeitstag seine Hemden für die nächsten wichtigen Besprechungen zu bügeln, obwohl er den ganzen Tag auf der faulen Haut gelegen hat. Er ist der Typ, der Ihnen den Seelenverwandten vorspielt und im gleichen

Atemzug nachfragt, ob Sie die Güte hätten, seine Treppe zu putzen, und das, obwohl Sie erst seit einer Woche zusammen sind.

Die Mitleidstour, die er perfekt beherrscht, hat außerdem den Effekt, dass immer alle auf seiner und nicht auf Ihrer Seite sind. Dies kann schlimme Folgen haben: Wollen Sie sich bei Ihrer Freundin über ihn ausheulen, bringt diese zum Ausdruck, dass Sie undankbar und unausstehlich sind und sogar Ihre Mutter der Ansicht ist, dass jede Frau froh sein sollte, wenn sie einen Mann hat, der hin und wieder den Abfall runterbringt, obwohl er beruflich so eingespannt ist.

Die andere Variante des Dackels auf zwei Beinen ist das brav gehorchende Exemplar. Egal was Sie sagen, er macht Männchen. Er folgt Ihnen aufs Wort. Selbst wenn es zunächst so scheint, als sei ein gehorsamer Mann im Gegensatz zu einem aufmüpfigen ganz praktisch, reizt er Sie garantiert irgendwann dazu, ihn zu quälen. Denn wer will schon einen Mann, der einem den Hund ersetzt?

Sollte Sie sein Getue zum Schielen bringen, sollten Sie anstelle einer Augenoperation überlegen, ob Sie ihn wirklich ändern können oder ob Sie lieber weglaufen wollen, um seinen Blicken zu entkommen.

1. Ändern mit Hilfe der Medizin

Wenn es sich wirklich nur um einen Augenfehler handelt, reicht es, ihn zum Augenarzt zu schleppen. Nicht viel schwieriger ist es, wenn Sie einfach immer auf seine schönen Augen hereingefallen sind und so nur das getan haben, was er wollte. Da man Männern, die man behalten möchte, nur behutsam gravierende Änderungen beibringen sollte, rate ich Ihnen, sich einen Plan zu machen nach dem Motto: »Heute tue ich das nicht mehr, morgen verweigere ich jenes, übermorgen bin ich keinesfalls bereit zu …«

Den Hundetyp können Sie allerdings nicht ändern. Bei manchen Exemplaren gelingt es jedoch dadurch, dass man ihnen einen Spiegel vorhält. Besuchen Sie mit ihm eine große Hundeausstellung und weisen ihn auf all seine niedlichen Verwandten dort hin. Vielleicht geht ihm dann ja ein Licht auf.

2. *Trennen mit Durchblick*

Das Wichtigste wird sein, ihm, dem es leicht fällt, Sie zu umgarnen, nicht mehr in die Augen zu sehen, auch wenn er Sie dann für wenig selbstbewusst hält. Es könnte sonst sein, dass Sie wieder und wieder auf ihn hereinfallen und sich nach kürzester Zeit über sich selbst ärgern.

Eine Trennung können Sie mit einer wirkungsvollen praktischen Maßnahme einleiten: Packen Sie all seine Sachen ordentlich ein und versenden Sie sie ohne Absender an eine Ihnen unbekannte Adresse. Das sollte seinen Blick schon verändern. Aber bitte nicht gleich wieder in ihn verlieben, nur weil er dann grimmig guckt! Werden Sie rückfällig, leben Sie schneller wieder mit dem Dackelblickmann zusammen, als Sie glauben.

Ist er der Gehorchermann, müsste es reichen, wenn Sie ihm auf einer Party vor all seinen Freunden einen Knochen schenken und ihn dann bitten, Sitz und Platz zu machen. Wenn auch das nicht wirkt, tauschen Sie ihn im Tierheim gegen einen echten Vierbeiner ein.

Der ewige Junge mit der Eisenbahn

Ein Mann, der sich auch noch mit grauen Haaren (oder ganz ohne Kopfschmuck) seinen jugendlichen Leichtsinn bewahrt hat, wirkt auf Frauen oft zunächst erfrischend. Er ist fröhlich und aktiv und weckt zudem die mütterliche Seite in uns. Meist ist er etwas zappelig und verfügt über eine ausladende Körpersprache.

Den Spaß an seiner Unbekümmertheit werden Sie schnell verlieren, nämlich wenn Sie bemerken müssen, dass er in keiner Weise bereit ist, Verantwortung zu übernehmen. »Mausi, du machst das schon« oder »Das wird sich schon irgendwie regeln« sind die Standardsprüche, an denen Sie ihn schnell erkennen. Es wird Sie schon bald stören, dass Sie es sind, an deren starke Schulter er sich immer öfter lehnt, wenn er Kummer hat. Vor allem, weil er Ihre Sorgen grundsätzlich mit einem fröhlichen Schulterzucken abtut.

Ewige Jungen haben meist einen enorm großen männlichen Freundeskreis, mit dem sie so richtig schöne Männersachen machen, die Frauen nicht verstehen können. Sie fahren mit ihren Freunden einmal im Jahr zum »Ballermann«, weil man dort so nett am Strand spielen kann, oder üben auf der Skipiste Schneefrauenbauen.

Der eher konservative Typ des kleinen Jungen lebt zu Hause seinen Spieltrieb aus und hat garantiert eine Modelleisenbahn mitten im Wohnzimmer stehen, die er verzückt mit verträumten Augen ansieht, an der er immer herumbastelt und um die Sie täglich herumsaugen müssen. Mit seiner Eisenbahn ist er auf du. Er ist niemals ansprechbar, wenn er sich mit ihr so richtig glücklich fühlt. Wenn Sie Geburtstag haben, wird er Ihnen eine gemeinsame Reise zur nächsten Modelleisenbahn-Börse schenken – den Gutschein fantasievoll in einem Eisenbahnwaggon verpackt. Wenn Sie Glück haben, erhalten Sie allerdings einen Urlaub mit der Transsibirischen Eisenbahn.

Wenn es keine Eisenbahn ist, dann ist es seine Briefmarkensammlung oder Vergleichbares.

1. *Erwachsen ändern*

Da Sie ja noch eine Weile in der Mutterrolle leben werden, sollten Sie sich Bücher über die Pubertät kaufen. Wenn Sie respektieren, dass er die pubertäre Phase seit vielen Jahren nicht überwunden hat, können Sie ihn viel besser verstehen und sich in ihn hineinversetzen. Im Umgang mit Heranwachsenden hilft in der Regel Strenge nur bedingt, meist löst sie Widerspruch aus. Hilfreicher soll, so meinen Pädagogen sowie Kinder- und Jugendpsychologen, Verständnis und Einfühlungsvermögen sein.

Denken Sie doch einmal an die Zeit zurück, in der Sie noch so richtig jung waren: Wie fühlten Sie sich, mit welchen Unsicherheiten hatten Sie zu kämpfen und wie empfanden Sie die Erwachsenenwelt? Wenn Sie in dem Zusammenhang auch liebevoll an Ihre Eltern denken und nicht zu den wenigen superbraven gehorsamen Kindern gehörten, wird Ihnen schnell klar, dass Sie sich mit einem Umerziehungsprogramm einiges zumuten. Ihre Eltern konnten wenigstens die Hoffnung hegen, dass sich das Problem auswächst. Doch wenn man jemanden wirklich liebt, sollte man die Hoffnung nicht aufgeben.

2. *Spielerisch trennen*

Ziehen Sie ganz schnell die Notbremse, denn es gelingt überaus selten, aus einem großen Jungen einen erwachsenen Menschen zu machen. Da Sie immer guter Dinge sind, wird er Ihre Trennungsabsichten auf die leichte Schulter nehmen, lediglich annehmen, dass Sie ein bisschen schlecht gelaunt sind – Erwachsene benehmen sich ja manchmal unverständlich –, und das Problem, sollte er es denn überhaupt wahrnehmen, mit einem Blumenstrauß aus Nachbars Garten regeln wollen. Weil er so ist, wie er ist, müssen Sie sich schon ziemlich anstrengen, um ihm klarzumachen, dass jetzt »Schluss mit lustig« ist.

Überraschen Sie ihn mit ein paar trinkfesten Freundinnen im mallorquinischen »Ballermann« (oder in dessen deutschem Pendant um die Ecke). Trinken Sie Wodka aus der Flasche, was das Zeug hält, und nennen Sie sich Camelita. Vergessen Sie aber nicht, Wasser in die Flaschen zu füllen, schließlich wollen Sie den Urlaub genießen und ihn nicht im Hospital verbringen, es sei denn, Sie waren schon immer scharf darauf, mit einem südländischen Mediziner anzubändeln.

Sie können Ihrem »Partner« auch auf die Skipiste folgen. In dem Fall können Sie nach dem eben beschriebenen Schema verfahren, sollten sich aber zudem bemühen, dort in dem scheußlichsten Skianzug rumzulaufen, den Sie bekommen können.

Im »Ballermann« wirkt der vergleichbare Trick mit einem hässlichen Bikini oder Badeanzug übrigens in der Regel nicht, denn den meisten Männern, die sich dort tummeln, ist kurz nach dem Erwachen der Blick ohnehin schon wieder getrübt.

Den Eisenbahnmann werden Sie ganz leicht los, indem Sie den Sperrmüll bestellen und sein Zeug von der ersten Schiene bis zur letzten Weiche entsorgen. Ich bin allerdings der Meinung, dass Frauen aus einer Trennung auch etwas für sich behalten sollen. Schließen Sie für sich aus, dass Ihnen die Beziehung überhaupt etwas gebracht hat, können Sie seine Bahn auch verkaufen. Das bringt bestimmt etwas ein. Gleiches gilt für die Briefmarkensammlung. Besitzt er ungestempelte, noch gültige Marken, die nur ihm etwas wert sind, so machen Sie ihm bestimmt eine Freude, wenn Sie damit Trennungskarten verschicken.

Heimliche Bundeskanzler und Stammtischpolitiker

Sollte er sich so gut anziehen wie Gerhard Schröder (und nicht so häufig die Frauen wechseln), kann er als Mann mit Macht schon seinen Reiz haben. Außerdem kann man an der Seite eines solchen Mannes kostengünstig überall in der Welt Urlaub machen und interessante Menschen kennen lernen. Wenn er vom Typ her in Richtung Norbert Blümchen geht, hat er auf jeden Fall Humor, und das ist bei einem Mann ja auch nicht zu verachten.

Als Blumenkohl wird er Ihnen allerdings Ihr Haushaltsgeld unterschlagen und Ihnen auch nicht sagen, wem er es gegeben hat, weil er ja ein Ehrenmann ist. Dann gibt es neben zahlreichen anderen noch jene mit den beeindruckenden buschigen Augenbrauen, an denen nur Kosmetikerinnen ihren Spaß haben dürften, Trittbrett- und Fahrradfahrer und die Ultralinken, die selbst zu Weihnachten unterm Tannenbaum noch »Roter Wedding, grüßt euch, Genossen« oder »Madrid, du wunderbare« (peinlicherweise auch im Urlaub) schmettern. Los wird man diese Jungs, wie wir täglich im Fernsehen verfolgen können, recht einfach, das Ändern gestaltet sich schon schwieriger.

Der Versammlungs- und Tagesordnungsmann

Wetten, er ist Kassenwart der wichtigsten Partei im Ort? Als solcher weiß er einfach über alles Bescheid, was in Ihrer Stadt und natürlich auch in der Welt geschieht. Weil er sich in zahlreiche Gremien wählen ließ und Posten annahm, die sonst keiner haben wollte, ist er sehr beliebt, aber kaum zu Hause. Und wenn doch, dann riecht er nach Alkohol und Zigaretten – selbst wenn er selbst nicht raucht. Er trägt Anzüge und Krawatten, die dadurch seriös wirken sollen, dass sie stets ein wenig hinter der aktuellen Mode hinterherhinken.

Unter Garantie ist er der Mann, der sich, sollte auf einem Elternabend eine Elternvertretung gewählt werden, eifrig zu Worte meldet, damit ihn wenigstens zwei oder drei Mütter verzückt als Kandidaten vorschlagen. (Wer hätte nicht gern einen Mann, der sich wirklich um das Wohl seiner und auch anderer Kinder kümmert?) Wenn er sich nicht bereits mit dem Direktor der Schule duzt, dann zumindest mit einigen Lehrern, die er von früher her oder von Versammlungen kennt. Leider hat er bei all den Posten, die er wahrzunehmen hat, zu Hause keineswegs die Muße, sich um seine Kinder zu kümmern.

Solche Männer sollen dennoch etwas für sich haben: Sie sind immer so beschäftigt, dass sie nicht auf dumme Gedanken kommen.

Glauben Sie das wirklich? Wenn Sie sich da mal nicht täuschen. Außer Ihnen weiß doch keiner, wie er sich zu Hause benimmt! Für alle anderen hat er genau das, was Sie, als Sie ihn kennen lernten, auch faszinierte. Er ist liebenswürdig, geschickt im Umgang mit Menschen, redegewandt, engagiert, sozial und was man sonst »Politikern« so alles nachsagt. Dass ein Typ wie er selten das hat, was er oberflächlich betrachtet verspricht, haben Sie als eine der ersten begriffen. Daheim lässt er lediglich seine eigene Meinung gelten, weil er ja erheblich besser informiert ist als Sie, toleriert lediglich seine Umgangsformen, redet mit Ihnen wenig, weil er sich schließlich außerhalb seiner vielen Termine auch einmal erholen und Zeitung lesen muss, um auf dem Laufenden zu bleiben. Er wird Ihre Bestrebungen, sich beruflich zu engagieren, als persönliche Beleidigung betrachten. Was wäre ein solcher Mann schließlich ohne eine Frau, die ihm den Rücken freihält?

Als Sie ihn kennen lernten, war das alles ganz anders, sagen Sie? Da war er politisch nicht aktiv, weil er beruflich weiterkommen wollte, sondern hatte Ideen, die Sie beeindruckten, und wollte die Welt verändern. Was hilft es, in Erinnerungen zu schwelgen. Sollten Sie ihn so, wie er heute ist, nicht mehr ertragen können, bleibt nur die Alternative: ändern oder trennen.

1. Dogmatisch ändern

Gibt es wirklich nichts Wichtigeres für ihn als Politik, als das Umfeld, in dem er Selbstbetätigung findet? Wie wäre es, wenn Sie (wieder) zum Zentrum seines Interesses würden?

Fordern Sie ihn mehr als alles andere. Möglicherweise haben Sie den Fehler gemacht, ihn nicht mehr zu bewundern, weil Sie ihn durchschaut hatten. Männer jedoch benötigen Selbstbestätigung wie das tägliche Brot, um glücklich zu sein. Würdigen Sie ihn für die Dinge, die er zu Hause vollbringt, loben Sie ihn, wo es nur geht, und werden Sie zum Mittelpunkt seines Lebens.

Übertragen Sie ihm familiäre Verantwortung. Bitten Sie ihn in allen unwichtigen Dingen des Lebens um Rat. Geben Sie ihm das Gefühl, gebraucht zu werden. Er muss spüren, dass die Frau an seiner Seite hilflos ist. Und schon wird er verstehen, wie wichtig es ist, dass er als der große Zampano den Haushaltsplan erstellt, sich mit den wütenden Nachbarn auseinander setzt, in deren Vorgarten Ihr Sohn Rosen geklaut hat, Konflikte mit seinen alten Eltern regelt und dafür sorgt, dass Ihre Tochter doch noch zu dem Schüleraustausch nach Schweden fahren darf, obwohl sie sich zu spät angemeldet hat.

Begreifen Sie, dass er geradezu süchtig nach Anerkennung ist, und geben Sie ihm das Gefühl, dass Sie ihm – viel mehr als seine Parteifreunde – vertrauen.

2. *Polemisch trennen*

Treten Sie gleich heute einer Partei bei, die Sie nicht vollkommen abstoßend finden, die Ihr Bis-dato-Liebster jedoch abgrundtief hasst. Da die Funktionäre der meisten Parteien glücklich über einige »Vorzeigefrauen« sind, wird Ihre politische Laufbahn sich schneller entwickeln, als Sie denken. Das wird Ihren Schatz sehr irritieren. Zunächst wird er versuchen, Ihnen die Augen über »Ihre« Partei zu öffnen und Ihnen eine reuige Rückkehr zur richtigen, sprich seiner Bewegung anbieten. Erklären Sie ihm daraufhin, dass Sie anstreben, Spitzenkandidatin Ihrer Partei zu werden, und von ihm eine dementsprechende Unterstützung erwarten, er könne dafür zum Beispiel die Betreuung der Kinder übernehmen. Er wird sich nun immer mehr von Ihnen zurückziehen, bis er schließlich eines Tages zu einer Parteifreundin zieht, die ihm wegen seiner schwierigen psychischen Situation vorübergehend ein Obdach angeboten hat.

Vergessen Sie nicht, sich einige unangenehme Interna über Ihre neuen Parteifreunde zu besorgen. Denn nach gelungener Trennung von Ihrem Partner sollten Sie die Vereinigung selbstverständlich schnellstmöglich wieder verlassen. Spielen Sie die geheimen Informationen bei Ihrem spektakulären Austritt der Presse zu und outen Sie sich als »U-Boot« des anderen politischen Lagers. Nun wird Ihr Ex möglicherweise wieder Kontakt zu Ihnen aufnehmen, weil er Sie für Ihren vermeintlichen Mut bewundert. Lassen Sie ihn per Fax oder E-Mail wissen, dass Sie auch über ihn öffentlichkeitswirksame unappetitliche Dinge zu berichten wüssten und er Sie gefälligst in Ruhe lassen solle.

Die polemische Peinlichkeit

In den meisten Fällen schiebt dieser Typ Mann einen Bierbauch vor sich her. Um politisch informiert zu sein und überall mitreden zu können, bildet er sich täglich weiter: Er verschlingt eine der Zeitungen, deren Lettern so groß sind, dass sie nicht einmal mehr als Großdruck für Sehbehinderte durchgehen. Seine Erkenntnisse bindet er, wo er nur geht und steht, jedem auf die Nase, denn er hat den Durchblick.

Wenn er an der Regierung wäre, würde alles ganz anders laufen: »Die haben ja sowieso alle keine Ahnung.« Außerdem haben seiner Ansicht nach die »faulen Typen da oben« noch nicht gemerkt, dass früher alles anders war, als noch Zucht und Ordnung herrschte. Und er würde, hätte er was zu sagen, auch die Todesstrafe wieder einführen. Sollten Sie ihm entgegenhalten, dass früher die Verbrecher an der Regierung waren und die offizielle Lizenz zum Töten hatten, wird er Ihnen erklären, dass Frauen nun mal überhaupt nichts von Politik verstehen und es sowieso ein Skandal ist, dass diese mit ihrem unterbelichteten politischen Verständnis wählen dürfen. Seine Meinung gibt er auch einmal wöchentlich in seiner Skatrunde zum besten, und alle finden ihn klasse, weil er seinen Freunden zuvor von Ihrem gemeinsamen Geld etliche Runden ausgegeben hat.

Er ist halt ein Frohnatur! Er hat generell nichts gegen Ausländer und meint, durch seine Witze über sie besonders zur Völkerverständigung beizutragen. Wo auch immer Sie mit ihm hingehen, er ist so offen und auch so vielfältig informiert, dass er mit seiner Meinung nicht hinter dem Berg halten wird. Er ist enorm diskussionsfreudig, solange er nicht andere Ansichten akzeptieren muss oder mit »Widerworten« konfrontiert wird. Für alle Probleme dieser Welt hat er eine einfache Lösung.

Wenn Sie nicht auch irgendwann bei den Zeitungen mit den großen Buchstaben enden wollen, sollten Sie sich bei solch einem Exemplar Mann eine Lösung einfallen lassen: ändern Sie ihn – oder lassen Sie ihn allein.

1. Polemisch ändern

Ja, gegen den Bierbauch lässt sich etwas machen. Aber wie ist der Hohlkörper über dem Hals zu füllen? Sollten Sie sich wirklich die Mühe machen wollen, hilft nur eines: Bieten Sie ihm Informationen. Da Sie für Ihren Liebsten allerdings eine »dumme Nuss« sind, wird er Ihre Hilfe zur Weiterbildung vermutlich nicht akzeptieren.

Setzen Sie ihn unter Druck, singen Sie »Brot und Rosen« und verweigern Sie zumindest das »K« für Küche, weil Sie dafür keine Zeit mehr haben und sich weiterbilden müssen, um ihm eine ebenbürtige Partnerin zu sein. Soll er sich doch seine Brote selbst schmieren, wenn Sie sich in der Frauenbewegung engagieren. Verschweigen Sie den Mädels dort aber besser, was für ein Exemplar Sie zu Hause haben, weil sie Ihnen ansonsten Ihr Faltenröckchen vom Leib reißen und Ihnen eine lila Latzhose auf den Leib schneidern werden. Kleben Sie unter den ewig offenstehenden Toilettendeckel den Spruch: »Runter mit dem Männlichkeitswahn« und fragen Sie ihn ganz ernsthaft: »Was sind tausend tote Männer am Meeresgrund!«, er wird antworten: »Weiß ich nicht!« – »Ein guter Anfang!«

Sollte er Ihnen trotz zielgerichteter Maßnahmen dennoch einen Vortrag darüber halten, dass Frauen selbst schuld sind, wenn Männer sie vergewaltigen, weil sie sich zu freizügig kleiden, dann dürfte es klar sein, dass Strategie Zwei unabwendbar ist, wenn Sie seelisch nicht verkümmern möchten.

2. *Politisch trennen*

Ihm als klugem Kopf wird nichts peinlicher sein, als seinen Stammtischfreunden zu erklären, dass ihm seine Frau oder Freundin weggelaufen ist. Da hilft nur eines: den Leidensdruck so erhöhen, dass nichts schlimmer für ihn wäre, als mit Ihnen zusammen zu bleiben. Lassen Sie sich von einer Ihrer Freundinnen (die nicht in einer festen Beziehung zu einem echt netten Mann steckt) einen Strauß roter Rosen inklusive Liebeserklärung in schöner Briefform schenken.

Das müsste ihn wirklich abstoßen und Sie könnten sich lange Diskussionen über die Frage, wie Frauen sich zu benehmen haben, sparen, weil er schnell zu der Ansicht gelangen wird, dass bei Ihnen Hopfen und Malz verloren ist. Dabei ging es in Wirklichkeit doch nur um Brot und Rosen.

Schicke Männer und Superstinker

Welche Frau will sich schon dauerhaft ihr Leben damit versauen, dass sie, weil ein alles blendender, strahlender Pfau an ihrer Seite schwebt, von keinem anderen mehr wahrgenommen wird, oder mit einer Klammer auf der Nase durch die Gegend laufen muss, wenn er sich in unmittelbarer Riechweite befindet? Konsorten wie die Schicken, Schlamper und Stinker, die nichts mehr lieben als sich selbst, wird man schlechter los, als man gemeinhin vermuten könnte, weil eine Trennung heftig an ihrem ausgeprägtes Ego kratzt.

Der höfliche Edelmann

Ein Mann mit Stil kann eine Frau schon reizen. Doch hin und wieder halten auch die Höflichen nicht, was sie versprechen. Das sind die Gelegenheiten, bei denen Sie erkennen sollten, dass nicht alles Gold ist, was glänzt. Frauen schätzen eine natürliche Höflichkeit, aber gewisse Männer übertreiben es. Zu ihnen gehört der verkappte Edelmann, der »Prinz Charles für Bürgerliche«, für den alles nach einer bestimmten Etikette abzulaufen hat, die das Beisammensein auf die Dauer doch etwas mühsam macht.

Ist Ihr Mann oder Freund so einer, der, bevor Sie gemeinsam ein Restaurant betreten, gewissenhaft Ausschau nach irgendwelchen Übeltätern hält, die Ihnen gefährlich werden könnten (als würde er ein solches Lokal überhaupt besuchen), und Ihnen liebevoll aus dem Mantel hilft, weil Sie ja bisher nie gelernt haben, sich selbst an- und auszuziehen. Der auch im strömenden Regen elegant ums Auto hüpft, um Ihnen die schwere Tür seiner Luxuslimousine zu öffnen und Ihnen, sobald Sie sich eine Zigarette anzünden wollen, beweist, dass er immer Feuer hat?

Höflichkeit und Benimm hat er in der Regel mit der Muttermilch eingesogen, und doch haben Sie hin und wieder das Gefühl, dass das Ganze irgendwie aufgesetzt wirkt? Sie sind undankbar. Nur weil er nie den Abfall runterbringt und auch keine Probleme damit hat, dass Ihnen angesichts der schweren Einkaufstüten das Rückgrat durchzubrechen droht, sollten Sie doch nicht gleich zu kritisch sein. Er hält Ihnen im Einkaufscenter sicher immer die Tür auf bzw. wacht aufmerksam darüber, dass Sie nicht in der Automatiktür eingeklemmt werden. Im Beisammensein ergibt sich ein ganz anderes Problem: Ihr Freundeskreis.

Stellen wir uns einmal einen Besuch mit ihm bei Ihrer besten Freundin vor. Sie schüttelt ihm zur Begrüßung kräftig die Hand, und sein in die Luft gehauchtes Küsschen landet gar nicht da, wo es hin sollte. Dann wirft sie seinen schwarzen Kaschmirmantel auf ihr mit ein paar Katzenhaaren dekoriertes Bett, weil sie gar keine Garderobe hat und stellt ihn den anderen Gästen gleich mit dem Vornamen vor. Davon lässt er sich aber nicht beeindrucken, und nach einer Weile glauben alle Anwesenden, dass er mit Vornamen »Doc von« Müller, Meier oder sonst wie heißt. Und wenn es dann so richtig lustig wird, muss er nach Hause gehen, weil am nächsten Tag die Vorstandssitzung im Lionsclub stattfindet und er dafür fit sein muss.

Richtig nett wird es, wenn Ihre Freunde bei Ihnen zu Gast sind und Ihre Freundin, nachdem Ihr Liebster den Champagner eingeschenkt hat, meint, sie sei doch gar nicht schwanger und er könne das Glas ruhig voll machen und ihr Mann fröhlich das schöne Kristallglas ignoriert und sein Bier aus der Flasche nuckelt.

1. Elegant ändern

Sie werden aus Ihrem Liebsten keinen kleinen »Prol« machen können, das liegt auf der Hand. Auf Grund seiner guten Erziehung wird er jedoch bereit sein, sich konstruktiv mit Ihnen auseinander zu setzen. Das kennt man ja schließlich vom englischen Königshaus. Kompromissen steht Ihr Partner in der Regel aufgeschlossen gegenüber, und so könnten Sie die Woche aufteilen: Montag, Dienstag und Mittwoch sind die »Wir-haben-Stil-Tage«, und Donnerstag, Freitag und Samstag die »Wir-sind-salopp-Tage«. Am Sonntag darf jeder von Ihnen so sein, wie er will.

Es ist sinnvoll, diese Maßnahme schriftlich niederzulegen und auch seine Sekretärin über die Neuregelung zu informieren, so dass sie ihn daran erinnern kann. Wenn er ihr zum Beispiel vor lauter Höflichkeit mal wieder fast die künstlichen Wimpern abfackelt, nur weil sie eine Zigarette in der Hand hält, oder wenn er sie vor einem auswärtigen Termin bittet, seinen Mantel auszubürsten, könnte sie ihm sagen: »Aber Euer Durchlaucht! Wir haben Donnerstag, heute steht in Ihrem Timer: ›Salopp-Tag‹.« Bringen Sie der guten Frau hin und wieder eine Schachtel Pralinen ins Büro, schließlich nimmt sie Ihnen einiges an Erziehungsarbeit ab.

Es gibt übrigens den einen oder anderen Adeligen, der sich zumindest privat locker gibt. Schneiden Sie diverse Berichte über die Formlosigkeit von Blaublütlern aus der Boulevardpresse aus und heften Sie die Artikel an die Pinnwand, damit Ihr Formfanatiker sich ein Beispiel daran nimmt und lernt, dass es auch anders geht. Sparen Sie nur bitte Ernst-August aus, sonst schaut sich Ihr Liebster einige Eigenheiten von ihm ab, die ins Auge gehen könnten.

2. *Formal richtig trennen*

Ein Mann mit Stil wünscht sich eine entsprechende Partnerin an seiner Seite. Um ihn loszuwerden, vergessen Sie also ganz schnell, dass Sie jemals Niveau hatten. Ändern Sie Ihr Erscheinungsbild und werden Sie zur Schlampe des Jahrhunderts. Make-up, eine flotte Frisur und schicke Kleidung sind ab jetzt untersagt.

Gehen Sie auf den Flohmarkt und erstehen Sie ein paar ausgeleierte Jogginganzüge am besten aus Fliegerseide, abgerubbelte, verwaschene Baumwolle tut es auch, und suchen Sie nach einigen anderen geschmacklosen, leicht zerfledderten Kleidungsstücken sowie Schuhen mit abgelaufenen Absätzen. Vergessen Sie für kurze Zeit alles, was Ihre Mutter Ihnen beigebracht hat. Warum mit Messer und Gabel essen, wenn es auch ein Löffel tut? Das macht sich insbesondere im Kreise seiner Freunde hervorragend. Laut bei Tisch zu rülpsen traut sich nicht jede. Derjenigen, die es wagt, sei Coca-Cola als »druckverstärkendes« Getränk empfohlen.

Und zu guter Letzt sollten Sie ihm erklären, dass er ein schrecklicher Langweiler ist, dem jede Art von Humor abgeht und der Sie mit seinem ganzen Getue auch im Bett an eine vergoldete Schlaftablette erinnert. Erklären Sie ihm, dass Sie an ihm nur eines schätzen: sein pralles Konto. Holen Sie ihn von seinem Thron herunter. Lange wird er das nicht aushalten, und wenn er Ihnen die rote Karte zeigt, gehen Sie flugs vom Platz.

Der müslikauende Ökoschlamper

Auf den müslikauenden Ökoschlamper treffen Sie vornehmlich im Dritte-Welt- oder im Bioladen, im Fahrradgeschäft und beim Sommerfest der Waldorfschule. Selten ist er auch noch bei einer bestimmten flaschengrünen Partei auszumachen.

Zu erkennen ist er zum Glück auf den ersten Blick. Er trägt generell nur Wolle von ökologisch-dynamisch gehaltenen Schafen oder garantiert ungespritzte Baumwolle an seinem gesunden Körper. Weil sich seine schicken Kleidungsstücke ohne Einsatz von Chemikalien vermutlich schlecht stricken ließen oder Ergebnis seiner eigenen Handarbeitsbemühungen sind, wirken sie ein wenig sackartig und unförmig. Besonders hübsch sind in der Regel die Norweger-Muster, wer trägt nicht gern einen Hirsch auf der Brust, der unter Umständen an anderer Stelle fehlt.

Da er selbstverständlich auch herkömmliche Waschmittel verweigert und mit naturverträglichen aus Umweltschutzgründen sparsam umgeht, kann es sein, dass er hin und wieder etwas nach Schaf, manchmal auch nach Ziege duftet. Aber was gibt es Schöneres, als in der Stadt ein wenig Landluft und -duft atmen zu können.

Weil er eher mit dem Fahrrad und zu Fuß als mit dem stinkenden, die Umwelt verpestenden Auto unterwegs ist, ist er auch ein großer Freund bequemen Schuhwerks, was die aufmerksame Beobachterin entzückt. Welche Frau verliebt sich nicht sogleich in Männerfüße, die umhüllt sind von selbstgestrickten Ringelsocken, die in bequemen, leicht abgetragenen Sandalen stecken? Noch ein Wort zu seinen Unterhosen: Wussten Sie schon, dass Unterwäsche aus Schafwolle nicht täglich gewechselt werden muss?

Er ist ein großer Freund der Frauenemanzipation, solange Sie sich so verhalten, wie er es für richtig hält. Tragen Sie hohe Schuhe, wird er Ihnen erklären, dass Sie sich damit die Füße kaputtmachen, Ihre Gebärmutter belasten und den Chauvinismus fördern. Benutzen Sie eine »Anti-Falten-Creme«, beschimpft er Sie als Tierquälerin.

Nicht dass er verkniffen wirken würde. Nein, er ist so absolut offen, dass er gern mit jedem über seine Vorstellungen von der Welt diskutiert. Als ein Mann, der so gut wie nie Fleisch isst und den Regenwald erhalten will, ist er auch absolut aggressionslos, es sei denn, irgendetwas geht ihm gegen seine Überzeugung. Da ja alles im Leben auf die eine oder andere Weise politischer Natur ist, gibt es, nur einmal am Rande erwähnt, kaum eine Angelegenheit, die er nicht päpstlicher als der Papst sieht.

Er meint auch, dass alle Menschen sich so innig mit der Natur verbinden sollten wie er. Im Sommer verkriecht er sich gern ins Geäst eines Apfelbaums, weil dies für ihn der natürlichste Ort zur Meditation ist und er sich dort den Baumgeistern am nahesten fühlt.

Ernährungstechnisch gesehen ist er für alle ein großes Vorbild. Ein Döner käme ihm im Leben nicht zwischen seine kariesfreien, weil auch Zucker ablehnenden und nur Honig akzeptierenden Beißerchen. Er lädt Sie – großzügig über Ihre Schwächen hinwegsehend (»Ich bin ja tolerant«) – bei Ihrem Lieblingsitaliener zum Essen ein. Dass er sich nur einen kleinen Salat bestellt und heimlich sein mitgebrachtes Müsli mampft, verkraften Sie gerade noch. Dass seine Körner jedoch teilweise in seinem so natürlich wirkenden struppigen Vollbart hängen bleiben und sogar manche auf Ihre gute Salami-Pizza hüpfen, verdirbt Ihnen dann doch den Spaß am Essen mit ihm.

Daheim ist er pflegeleichter, solange Sie bereit sind, bei einem energiesparenden Candlelight-Dinner mit Grünkernfrikadellen, Tofuschnitzeln und eiweißhaltigem, das heißt verwurmtem Salat zu sitzen. Schalten Sie jedoch schon nachmittags das Licht an, weil Sie das subjektive Empfinden haben, dass es dunkel ist, und servieren Sie ihm ein paar mit undefinierbarem Fleisch gefüllte Ravioli aus der Dose, kann er durchaus ungemütlich werden.

Er hat überhaupt ein gespaltenes Verhältnis zu Dosen und anderem Abfall und kann sich hingebungsvoll gewissenhaftester Mülltrennung widmen. Wenn er Sie jedoch zwingen will, aus für Sie nicht mehr nachvollziehbaren Gründen das Toilettenpapier beidseitig zu benutzen, könnten Sie sich darüber Gedanken machen, ob in Ihrem Leben etwas falsch läuft, und seine Methode, mit dem Abfall umzugehen, anderweitig beherzigen: durch Umwandlung weiter verwerten oder sorgfältig trennen.

1. *Kernig ändern*

Bei ängstlichen Tieren hilft als Neukonditionierung nur die Konfrontation mit der Angstquelle. Ähnlich verhält es sich mit Ihrem Ökoschlamper, der nichts so sehr fürchtet wie Ungesundes. Sie haben einen Traum: Er sitzt wieder auf seinem Apfelbaum. Sie stehlen ihm die an den Stamm gelehnte Leiter und fahren für zwei, drei Tage Ihre Mutter besuchen. Sie hoffen, dass er bis zu ihrer Rückkehr vor lauter Hunger alle erreichbaren Äpfel abgeerntet haben wird. Sie beruhigen sich damit, dass er weder unter Vitamin- noch unter Proteinmangel leiden und sich freuen wird, Sie wiederzusehen.

Sind Sie wieder daheim, findet sich die Leiter leider nicht so schnell, und weil Ihr Liebster ja Hunger und Durst hat, reichen Sie ihm in einem Korb ein paar saftige Schweinefleisch-Frikadellen und eine Flasche Coca-Cola hinauf. Lassen Sie ihn noch weitere vierundzwanzig Stunden auf dem Baum ausharren, hängen Sie eine Laterne an einen der unteren Äste, damit er sich nicht fürchtet, und servieren Sie ihm zum Frühstück eine Schüssel mit gut nachgezuckerten Cornflakes und ein Weißmehl-Brötchen mit Fleischwurst auf der einen und Leberwust auf der anderen Hälfte. Wenn er dies alles, dem Hungertod nahe, brav verputzt hat, rufen Sie die Feuerwehr an, damit sie ihn aus seinem Freiluftgefängnis befreit und Sie ihn glücklich und hoffentlich bekehrt in die Arme schließen können.

Schweißnass wachen Sie auf. Eigentlich ein schöner Traum, aber wie Träume nun mal sind, ziemlich unrealistisch.

Schlagen Sie ihn besser mit seinen eigenen Waffen, verhalten Sie sich ökologisch dynamisch wertvoll. Denken Sie daran, dass die Liebe bei einem Mann durch den Magen geht, auch wenn er ein Öko ist. Lassen Sie die Küche kalt, und stellen Sie ihn komplett auf Rohkost um. Ungekochte Hülsenfrüchte sollen, insbesondere gegen Zahnstein, sehr gesund sein. Oder kochen Sie mit Hingabe so viele geschmacklose Tofugerichte, Grünkernfrikadellen ohne Gewürze oder was immer Ihnen zur Abschreckung vor der »gesunden« Küche auch einfallen mag und vor allem: Ändern Sie niemals den Speiseplan! Montags Tofu, dienstags Tofu, mittwochs Tofu ... Irgendwann wird er sich nach etwas Herzhaftem sehnen – und vielleicht sogar einen Hamburger verschlingen.

Schaffen Sie die Waschmaschine ab, weil sie zu viel Strom verbraucht (waschen Sie Ihre eigene Wäsche bei einer Freundin, bis Ihr Liebster bekehrt ist) und lassen Sie ihn alles mit der Hand waschen. Machen Sie ihm deutlich, wie wichtig auch Sie das Recyceln finden. Als Toilettenpapier darf er zukünftig nur noch die Tageszeitung verwenden. Das schützt den Regenwald.

Kurz und gut, seien Sie so extrem konsequent, dass es selbst ihm als überzeugtem Müslifreak auf die Nerven fällt und er sich Ihnen nach und nach anpasst.

2. Ignorant trennen

Wenn Sie den Ökoschlamper abwimmeln wollen, indem Sie seinen Lebensstil konterkarieren, sollten Sie sich vorher überlegen, zu welchen Schandtaten Sie nicht nur ihm, sondern auch sich selbst und der Umwelt gegenüber bereit sind. Sie sollten nicht täglich Fast food essen, Ihr Auto vor der Haustür waschen oder Chemikalien in den Ausguss kippen, nur um Ihren Freund loszuwerden.

Hilfreich könnte es aber sein, wenn Sie sich in den Frauentyp verwandeln, den er partout nicht leiden kann. Zwar wird er endlose Diskussionen mit Ihnen führen wollen, wie denn eine ordentliche, gleichberechtigte, ökologisch bewusste Frau auszusehen und sich zu benehmen hat. Er wird aber bald das Handtuch werfen, wenn Sie auf einer Demo spontan zur Gegenpartei überlaufen oder sich von Ihrer Oma einen Pelzmantel inklusive Mottenkugel-Geruch ausleihen und ihn, so geschmückt, zu seinen Ökofreunden begleiten. Bei diesen Anlässen sollten Sie die Meinung vertreten, dass eben nichts so gut wärmt wie ein richtiger Pelz und der gesteigerte Verzehr von Fleisch die Einnahme von Antibiotika überflüssig mache. Als eines der letzten Mittel könnten Sie seinen geliebten Apfelbaum kräftig mit Pestiziden besprühen, wenn dieser in Blüte steht. Doch zu diesem Mittel sollten Sie nur im äußersten Notfall greifen. In Ermangelung eines Apfelbaums tut es auch seine »Benjamin«- oder Hanfpflanze von der Fensterbank.

Soviel Unvernunft von Ihrer Seite muss ihn dazu bewegen, sich von Ihnen zu lösen und Sie als hoffnungslosen Fall einzustufen, auch wenn er Sie noch so gern bekehrt hätte.

Der durchgestylte Haarsprayklauer

Was für ein schöner Mann. Braungebrannt und dezent geschminkt stand er da, als käme er frisch aus der Karibik, das Blau der Meeres spiegelte sich noch auf seinen Lidern. Die leichten Fältchen um seine strahlenden Augen verliehen ihm ein wenig Altersweisheit, meinten Sie. Er hatte kräftige Hände mit gepflegten Fingernägeln, die rechte wurde durch einen edelsteinverzierten Goldring am kleinen Finger verschönert. Er trug ein faltenfreies buntes Hemd, und da er die obersten Knöpfe geöffnet hatte, wurde seine leicht behaarte Brust sichtbar. Eine goldene Kette lugte mehr oder weniger diskret hervor. Trug er sein Sternzeichen oder gar ein Kreuz? Seine schlanken Beine steckten stramm in weißen Jeans. Darunter blitzblank saubere Schuhe.

Sie sahen ein wenig verlegen auf Ihre leicht fleckigen, bequemen Slipper aus der letzten Saison und schauten wieder bewundernd zu ihm hin. Als er Ihren Blick bemerkte, lächelte er Ihnen zu und strich sich durch sein wohlfrisiertes Haar. Dann sagte er zu Ihnen »Du bist ja eine Süße«, und obwohl Sie ein solcher Spruch sonst auf die Palme gebracht hätte, war es um Sie geschehen. Besitzt er wohl ein Segelboot, fragten Sie sich aufgeregt? Mal ehrlich, Männer mit Segelbooten trifft man nicht an jeder Ecke.

Heute wissen Sie, dass er eine Jahreskarte fürs Solarium besitzt, eine nette Mutter hat, die seine Klamotten wusch und bügelte, bevor Sie mit ihm zusammenzogen, und ein ganzes Sortiment an Kosmetik sein Eigen nennt, in einem hübschen Köfferchen ordentlich untergebracht.

Hätten Sie das nur eher gewusst, seufzen Sie. Nun stellen Sie sich einmal nicht so an. Es ist doch wohl das Mindeste, dass ein Mann etwas für seine Schönheit tut. Leider ist Ihr Pfau aber nicht von Natur aus schön, sondern bemüht sich täglich mehrere Stunden, der Natur unter die Arme zu greifen. Eine kurze Dusche am Morgen käme für ihn nicht in Frage, darunter könnte seine samtweiche Haut leiden. Es dauert Stunden, bis er seinen Adoniskörper mit Lotionen und Ölen gesalbt hat. Dann folgt der kritische Blick in den Spiegel. Zu viel Sonne ruft schließlich Falten hervor ...

Sie wollen Ihr Bad endlich für sich haben und möchten es auch nicht mehr dulden, dass an Ihrem »Lady-Rasierer« lange Männerbein- und Brusthaare kleben und Sie dessen Klingen ständig erneuern müssen? Sie wollen sich nicht mehr ärgern, weil er ständig Ihre teure Gesichtscreme auf seine Füße schmiert? Sie möchten ihn auch nicht mehr an seinen Fußpflegetermin erinnern müssen, weil er sonst wochenlang schlechte Laune hat und sich im Bett verweigert, da er sich nur mit samtweichen Füßen sexy fühlt? Dann sollten Sie sich Gedanken über Ihr Leben machen.

1. *Mit Hilfe des Klempners ändern*

Einen Wasserrohrbruch zu organisieren, hat zwar für Ihren Schönling die Folge, dass er Ihr Bad eine Weile nicht mehr benutzen kann – für Sie aber auch. Daher bietet sich eine Kombination aus zwei anderen Strategien an, um das Pfauengebaren Ihres Angebeteten zu ändern.

Dafür werden Sie sowohl in Ihrem Gewürzregal als auch in Ihrer Garage oder an der nächsten Tankstelle fündig. Mit Pfeffer vermischter Gesichtspuder hat einen ganz besonderen Reiz – zum Niesen. Ein wenig Motoröl verleiht dem Hautöl Ihres Partners erst den wahrhaft männlichen Geruch. Und wenn er wieder Ihre Gesichtscreme für seine Fußpflege hernehmen will, könnte es sein, dass er sich bei Ihnen über deren Geruch nach frischem Parmesan beschweren will. Dann ist der Moment gekommen, um ihm die Augen zu öffnen.

Erklären Sie ihm, Sie hätten schon länger den Eindruck, dass er verschiedene Allergien entwickele. So hätten Sie in der letzten Zeit Hautrötungen, Pickel und einen stechenden Körpergeruch an ihm wahrgenommen. Sein verstärktes Husten, Räuspern und Niesen deute außerdem auf eine Reizung der Schleimhäute hin. Ihrer Meinung nach sei dies eindeutig auf seinen übermäßigen Konsum von Kosmetika zurückzuführen, Sie hätten in dieser Angelegenheit auch schon einen Hautarzt konsultiert.

Da der durchgestylte Haarsprayklauer meist hypochondrische Züge aufweist, wird er sein Verhalten auf Ihre aufklärenden Worte hin ändern und sich – wahrscheinlich exzessiv – auf den Körper-Natur-Gesundheitstrip begeben. Sollten Ihre Bemühungen doch noch nicht fruchten, treten Sie dem örtlichen Tierschutzverein bei und zeigen Sie Ihrem Mann oder Freund täglich mindestens ein Bild eines für die Herstellung von Kosmetika gequälten Affen. Vergessen Sie vor Ihrer Gewürzmisch-Aktion allerdings auf keinen Fall, sich einen Vorrat unberührter Cremes und Mittelchen zu verstecken.

2. *Wunderschön trennen*

Da es sich bei Ihrem Liebsten um das Exemplar Pfau handelt, das ständig mit der Frage »Gucken auch alle?« im Kopf lebt, ist es hilfreich, ihm die Schau zu stehlen. Sagen Sie jetzt bitte nicht, dass Sie das nicht können! Jede Frau kann sich geschickt inszeniert in den Mittelpunkt stellen. Wie hätten wir sonst über Jahrhunderte überleben können? Das ist unser Metier und nicht das der Männer.

Sollten Sie ein wenig schüchtern sein, braucht es hierfür nur etwas Übung. Entwerfen Sie mit Hilfe Ihrer Freundinnen einen »Wie-stell-ich-ihn-in-den-Schatten«-Schlachtplan. Stehlen Sie ihm die Show, wo es nur möglich ist. Entwickeln Sie Ihren eigenen Stil. Dann ist es auch nicht nötig, dass Sie – um brauner als er zu sein – stundenlang im Solarium grillen lassen. Diese Überbräune ist sowieso out, eine vornehme Blässe wird Sie dagegen adeln und interessanter machen als jedes künstliche Kaffeebohnen-Outfit.

Wenn Sie morgens in den Spiegel schauen – und sei es auch nur ein kleiner Handspiegel, weil das Badezimmer wie immer von ihm belegt ist –, sagen Sie sich lachend den Zauberspruch: »Schön bin ich, viel schöner als du, gib das doch endlich zu!« Sie werden sehen, nach einer Weile wirkt der Zauber. Männer werden sich voller Bewunderung um Sie scharen, und Ihr Bis-dato-Liebster wird alsbald, weil er das nicht ertragen kann, das Weite suchen und sich in eine unauffällige graue Maus verlieben, die sich glücklich in seinem Schatten sonnt.

Noch ein Tipp am Rande. Bedanken Sie sich nachhaltig für die schöne Zeit mit ihm, indem Sie sein Rasierwasser in den Ausguss schütten und die Flasche mit einem billigen süßen Damenparfüm auffüllen. Das WC ohne sein Wissen mit seiner elektrischen Zahnbürste zu reinigen könnte sich auf Ihre Psyche ebenso wohltuend auswirken.

Der ekelige Rülpser und Furzer

Es gibt immer noch Männer, die nicht ganz erfasst haben, in welcher Zeit sie leben. »Warum rülpset und furzet ihr nicht, hat es euch nicht geschmecket?«, nach diesem Höflichkeitsgebaren aus dem Mittelalter leben sie sich voll aus, auch oder gerade bei Tisch.

Eigentlich könnte es ganz nett sein, immer zu wissen, wo der Partner gerade ist, aber muss man denn auch hören, wo er gerade isst? Zudem scheint er zu glauben, dass es anderen, also Ihnen, Freude bereitet, ihn nicht nur zu hören, sondern auch über die Nase besonders wahrzunehmen.

Das stört Sie? Stellen Sie sich nicht so an, das ist doch ganz natürlich, meint er jedenfalls. »Wir haben uns heutzutage viel zu weit von der Natur entfernt. Nur die Tiere leben uns vor, wie man sich ohne Fassade geben kann«, meint er. Als Vertreter der »guten alten Sitten« zeigt er sich überall dort, wo Menschen zusammenkommen, auffallend höflich. Besonders nett wird es zum Beispiel, wenn Sie bei Freunden zu Gast sind und ein Federweißer sowie Zwiebelkuchen serviert werden. Irgendwann, nachdem er ausgiebig geschlemmt hat, wird er sich zurücklehnen, seinen Bauch reiben und als Wort des Dankes für die schöne gelungene Einladung ein paar »Laute« der Höflichkeit von sich geben, die allen anderen am Tisch die Lust auf die Nachspeise verderben und Ihnen vermutlich die Schamesröte ins Gesicht treiben.

Sie haben bestimmt schon davon gehört, dass Frauen ihren Männern den Rücken frei halten oder hinter ihren Männern stehen sollen und sich gefragt, was es damit für eine Bewandtnis hat. Ganz einfach: Wenn Sie hinter ihm stehen, verbreiten sich seine Winde nicht so stark (obwohl Männer bekanntlich auch um geruchsneutrale Nebensächlichkeiten viel Wind machen). Der Ausspruch »Ich stehe zu meinem Mann« bedeutet eigentlich, dass man vor ihm steht und er nur Ihnen in den Nacken und nicht anderen ins Gesicht rülpst. Sollte Ihnen der Sinn für derartige Verhaltensweisen abhanden gekommen sein, vielleicht deshalb, weil Sie eine moderne Frau sind, so sollten Sie ihn lehren, wie man sich heute angemessen benimmt oder sich in eine bessere Zukunft flüchten.

1. Kniggich ändern

Schenken Sie mit Ihrem zünftigen Weggenossen den »Knigge«, das gute alte Benimm-Handbuch, und verkaufen Sie alle Bücher über das Mittelalter auf dem Flohmarkt! Besuchen Sie mit ihm eine altmodische Tanzschule, auch dort lernt man hin und wieder einige Benimmregeln, und wer das Tanzbein schwingt, zum Beispiel beim Tango, braucht Luft und kann sie nicht abgeben.

Streichen Sie alle blähenden Lebensmittel von Ihrer Speisekarte und fragen Sie in der Apotheke nach, welche Mittel stürmische Winde vertreiben. Diese sollten Sie ihm generell heimlich in sein Essen mischen. Unter Umständen kann es auch hilfreich sein, immer eine Tüte Erdnüsse griffbereit zu halten und ihm, sollte er den Mund zum nicht vorschriftsmäßigen Luftablassen öffnen, flugs ein bis zwei Nüsse in den Rachen werfen. Da Männer in der Regel mehr Angst vor dem Zahnarzt haben als Frauen, könnten Sie zudem, setzt er zum Rülpsen an, erschrocken aufspringen, in seinen Mund schauen und entsetzt feststellen, dass da doch der eine oder andere Karieszahn zu erblicken ist. Machen Sie voller Besorgnis in seinem Beisein gleich telefonisch einen Termin beim Zahnarzt für ihn aus. Ich bin mir ganz sicher, dass er in Zukunft, wenn überhaupt, nur noch mit geschlossenem Mund und durch die Nase ausatmen wird.

2. Mittelalterlich-zünftig trennen

Kaufen Sie sich einen Keuschheitsring und erklären Sie Ihrem Partner, dass Sie von einem richtigen Ritter andere Vorstellungen haben als er. Wenn Sie eh vorhaben, aus der gemeinsamen Wohnung auszuziehen, wie wäre es mit einem wilden mittelalterlichen Burgfest als Abschiedsparty, zu dem Sie noch ein paar Jungs, die ansonsten im Bahnhof »wohnen«, einladen? Jeder darf sich auf dieser Feier so geben, wie er wirklich ist. Sorgen Sie für ausreichend Essen, Hühner- und Putenkeulen sind genauso geeignet wie ein halbes Schwein sowie – wirklich unverzichtbar – viel Bier und Schnaps.

Vergessen Sie so etwas Spießiges wie Besteck und Servietten, wozu sind denn Hände, Gardinen und Tischdecke da? Stecken Sie Ihren Gästen noch ein paar Scheinchen zu, wenn diese bereit sind, richtig ausgelassen zu sein, abgenagte Knochen durch die Gegend zu werfen usw. Ein paar Stangen Zigaretten sollten ebenso nicht fehlen. Aschenbecher braucht man allerdings für ein zünftiges Fest nicht. Und gab es im Mittelalter eigentlich Toiletten ...?

Schon nach kurzer Zeit können Sie sich aus dem Staub machen, vorausgesetzt, Sie haben vorher alle wichtigen Gegenstände aus Ihrem Besitz bei einer Freundin in Sicherheit gebracht, bei der Sie nun auch Unterschlupf finden. Dass Ihr Zimmer mit dem Rest Ihrer Habe ausgerechnet an diesem Abend verschlossen bleibt und erst wieder zu Ihrem endgültigen Auszug geöffnet wird, müsste Ihr Ex-Partner verstehen. Schließlich hatten Sie ja nie einen Sinn für die natürliche Lebensweise.

Der hässliche Weggucker

Manchmal fehlt auch der cleversten Frau der Blick fürs Wesentliche. Es gibt selbstverständlich zahlreiche Gründe dafür, dass man nicht sofort merkt, sich Quasimodo angelacht zu haben. Das Grauen nach dem Erwachen ist dann um so schlimmer. Sollten Sie dies nicht nur sprichwörtlich, sondern nach einer durchfeierten Nacht definitiv praktisch erleben – Sie öffnen die Augen, und das Grauen liegt neben Ihnen im Bett –, lässt sich das Problem noch relativ schnell lösen. Vergessen Sie jede Scham und verdrängen Sie das Ganze. Verbieten Sie Ihren Freundinnen, über das Ereignis zu sprechen und beruhigen Sie sich selbst damit, dass Sie nicht die einzige Frau sind, deren Sinne einmal kurzfristig eine Trübung erfahren haben.

Sollten Sie jedoch schon eine Weile mit diesem Mann zusammen sein und nun endlich sehend werden, das heißt seine Sommersprossen als das begreifen, was sie wirklich sind, nämlich Aknepickel, seinen modisch fransigen Haarschopf als die letzten fettigen Reste auf dem ansonsten kahlen Kopf erkennen oder feststellen, dass es sich bei seinen vermeintlichen Muskeln um reines Fettgewebe handelt, könnte sich dies auf Ihre Beziehung belastend auswirken.

Kurz und gut, Sie haben begriffen, dass er hässlich ist wie die Nacht, also richtig schäbig, und Sie sich unter Marktwert verkauft haben. Möglicherweise hat er ja andere, innere Qualitäten. Nun, treu ist er bestimmt, denn wer will ihn schon haben. Vielleicht ist er auch ein guter Gesprächspartner. In der Regel unterhalten Frauen sich aber mit ihren Freundinnen und weniger mit ihrem Lebenspartner, die Traumvorstellung haben jedenfalls die meisten Frauen hinter sich gelassen.

Ist er gar reich? Reichtum soll zwar nicht adeln, aber hässliche Männer attraktiver machen, wenn auch nur bedingt. Sollte er etwas haben, das ihn trotz aller Hässlichkeit wertvoll macht, sollten Sie sich bemühen, ihn zu ändern. Ansonsten sollten Sie sich nach einem Mann umsehen, dessen Äußeres auch Ihrem zweiten Blick standhält.

1. *Blind ändern*

Ein hässlicher Mann leidet möglicherweise auch unter dem Schreck, den er bekommt, wenn er morgens in den Spiegel schaut. Bringen Sie ihm bei, wie er seiner Schönheit mit ein wenig Make-up, Puder und dem Kajalstift nachhelfen kann.

Auch die Schönheitschirurgie verbringt heutzutage Außerordentliches. Zahlreiche Frauen begeben sich freiwillig unters Messer. Sollten Sie ihn wirklich lieben und ihn für seine »anderen« Qualitäten wirklich schätzen, sollten Sie ihm das Skalpell ersparen und mit ihm shoppen gehen. Eine Farbberatung, ein Besuch bei der Kosmetikerin und dem Friseur werden zwar keine Wunder wirken, aber die gröbsten Mängel beheben bzw. kaschieren. Denken Sie daran, es geht nicht darum, ihn zu einem Frauenliebling zu machen, denn das würde er sowieso nur schwer verkraften. Vielmehr soll er derart hergerichtet werden, dass sein Anblick für Sie erträglicher wird.

Außerdem kommt Schönheit von innen. Versuchen Sie durch sein Äußeres hindurch direkt in sein Innerstes zu schauen. Wenn sich auch dort nichts Schönes findet, hilft nur noch die zweite Strategie.

2. *Mitleidig trennen*

Da ihm klar sein wird, dass er eine so tolle, mit einem zumindest temporären Sehfehler behaftete Frau wie Sie so schnell nicht wieder bekommen wird, ist es wahrscheinlich schwierig, sich von ihm zu lösen. Außerdem möchte man einem solchen Mann nicht wirklich wehtun. Schließlich hat er es im Leben schon schwer genug.

Doch da müssen Sie durch. Versuchen Sie es mit der »Wir-bleiben-Freunde-Masche«. Ihre Abschiedsrede könnten Sie so formulieren: »Du bist wirklich ein ganz toller Mann. Vom Optischen her sind wir aber grundverschieden, und ich war noch nie der Ansicht, dass Gegensätze sich anziehen. Außerdem, das musst du verstehen, möchte ich noch Kinder bekommen. Ich habe mich bei der Samenbank in XY bereits um einen optimalen Samen gekümmert und möchte dir keinesfalls zumuten, das Kind eines fremden Mannes großzuziehen, das ganz anders aussieht als du. Wie fändest du es, Patenonkel zu werden – Kinder gruseln sich ja hin und wieder gern. Wir bleiben aber ganz bestimmt in Kontakt?«

Wenn das alles nicht hilft, sollten Sie ihm deutlich machen, wie toll Sie andere Männer finden. Und dass Sie das mit der Samenbank nur aus Rücksicht auf seine Gefühle gesagt haben. Zur Steigerung Ihrer Fruchtbarkeit brauchen Sie schließlich guten Sex, und den kann er Ihnen nicht bieten. Kaum etwas trägt so schnell dazu bei, einen Mann in die Flucht zu schlagen, wie die Kritik an der Leistungsfähigkeit seines besten Teils.

Der wasserscheue Deofreund

Er ist der Frosch, der immer nur auf dem Rosenblatt sitzt und höchstens den Zeh ins Wasser steckt. Solche Männer sehen auf den ersten Blick gut aus und duften auch ganz angenehm. Lernen Sie ihn näher kennen, merken Sie bald, dass er klebt, und zwar am Körper und auch an Ihnen. Geht er barfuß über die frisch gewischten Fliesen, macht es »quatsch, quatsch« ob seiner Schweißfüße. Macht er den Mund auf, wissen Sie, dass er mit einem Wolf nur eins gemeinsam hat: den Mundgeruch. Zahnbürsten kann diese Gattung ebenso wenig leiden wie Wasser als solches. Ein Mundwässerchen oder Spray tut es doch hin und wieder auch, oder nicht?

Wasser begegnet er scheu bis traumatisiert ängstlich. Dafür liebt er Deos, besonders Deocremes und -stifte, die auf dunkleren Hemden weiß-gelbe Spuren hinterlassen. Solche Deos sind seiner Ansicht nach in der Wirkung viel besser als Wasser. Man könnte auch sagen, dass er eine Dusch- und Badephobie hat.

Seine Freunde nennen ihn »Windows«, obwohl er kein Computerspezialist ist, denn wenn er einen Raum betritt, reißen sie sofort sämtliche Fenster auf. Das bringt Sie in Verlegenheit?

Wenn wenigstens sein Herz rein ist, könnte dies ein Grund dafür sein, ihm noch eine Chance zu geben: Ändern Sie ihn.

Sie wollen ohne den Einsatz von Raumluftsprays und auch im Winter offen stehende Fenster wieder saubere Luft atmen? Dann ist die Trennung unausweichlich.

1. Mit Otto ändern

Wenn Sie aus einem Waschmuffel einen Saubermann machen wollen, müssen Sie schon selbst zur Seife greifen. Sie sollten ihn nicht gleich kopfüber in einen Waschzuber stecken. Vermitteln Sie ihm vielmehr auf Frauenart, wie sinnlich das Duschen und Baden zu zweit sein kann. Fangen Sie das richtig und geschickt an, so wird er nur noch mit Ihnen in der Badewanne liegen oder unter der Dusche stehen wollen. Möchten Sie vom Sex keine Schwimmhäute bekommen, sollten Sie das Ganze allerdings nicht übertreiben.

2. *Kalt trennen*

Da er gern an »seiner« Frau kleben bleibt, hilft nur eine kalte Dusche, um ihn loszuwerden. Ertränken Sie ihn aber nicht aus Versehen, denn das wäre zwar verständlich, aber trotzdem strafbar. Einige klare Worte wie »Du stinkst mir, ich kann dich nicht mehr riechen, geh weg!« könnten sich hier als hilfreich erweisen. Womöglich verbraucht er nach solchen Worten aber nur noch mehr Antischweißmittel, um Ihnen eine Freude zu machen. Wenn Sie selbst anfangen zu stinken, hilft Ihnen das nur wenig, weil nun alle anderen Menschen Sie meiden werden und er weiterhin als Seelenverwandter an Ihrer Seite haften bleibt. Hilfreicher wäre es, ihn mit Billigduftstoffen so einzunebeln, dass er ein Bronchialproblem entwickelt und zur Kur ans Meer fahren muss. Schicken Sie ihm an seinen Urlaubsort ein Abschiedspäckchen voller Proben aus der Parfümerie, und das auf Nimmerwiedersehen. Sollte er Ihnen dennoch einen Heiratsantrag machen, weil er Ihren Abschiedsgruß nicht verstanden hat, antworten Sie einfach: »Ob wir beide heiraten werden? Ja, ganz bestimmt! Aber ob das dieselbe Kirche sein wird?«

Der Cowboy ohne Pferd

Sie nannten ihn Jango ... Den Cowboy erkennt man auf den ersten Blick an seiner Kleidung und an seiner Körpersprache. Generell tragen solche Männer Jeans, Jeansjacken und karierte Baumwollhemden. Ihre Füße stecken in halb hohen, gesteppten braunen Stiefeln mit – meist schräg abgelaufenen – Absätzen, die vorn spitz zulaufen. Ihr besonderes Markenzeichen sind ihre O-Beine, die sie vermutlich beim Reiten des Sportsitzes ihres Golf GTI oder Ford Cabrio entwickeln.

Weiterhin zeichnet sie ihre Armhaltung aus: Sie halten ihre Ellbogen immer ein wenig abgewinkelt vom Körper, wahrscheinlich, um den Colt ziehen und den Sattel festhalten zu können. Ihre Gürtelschnalle fällt meist auffällig groß aus. Den Gürtel braucht er unbedingt, um daran seinen modernen Colt, sein Handy, festzuschnallen.

Spricht ein Cowboy Sie an, so wird er dabei den Daumen einer Hand in der Hosentasche verstecken und mit Daumen und Zeigefinger der anderen eine Zigarette festhalten. Nachdem er diese mit zahlreichen, beeindruckenden Rauchkringeln bis zum Filter runtergenuckelt hat, wird er sie mit dem Mittelfinger wegschnippen.

Unter diesem Mäntelchen der Lockerheit steckt meist ein verkrampfter kleiner Junge, der alles tut, um ja nicht erwachsen zu werden. Wenn Sie ihn fragen, worin er den Unterschied zwischen Männern und Frauen sieht, wird er Ihnen überlegen lächelnd erklären, dass kleine Mädchen mit Puppen spielen und »Jungs« sie ausziehen und dass Frauen keine Ahnung von Technik haben und keine Autos reparieren können. Er ist der Typ, der sich etwas darauf einbildet, dass er das Erbe seiner Bison jagenden Vorfahren noch nicht abgelegt hat und somit über einen hervorragend ausgeprägten Orientierungssinn – insbesondere auf der Autobahn – verfügt. Er vergisst dabei natürlich, dass selbst Mäuse in einem Labyrinth problemlos ihr Stück Käse finden.

Wenn Sie als Frau auf Männer wie den Cowboy aus der Zigarettenwerbung stehen, wird Ihnen dieser Typ spontan gefallen. Den Spaß an ihm werden Sie vermutlich spätestens dann verlieren, wenn Sie feststellen müssen, dass er immer weniger mit Ihnen, dafür aber immer mehr mit seinem Auto, seinem Pferdersatz, kommuniziert, es zärtlich und verliebt mit weichen Tüchern streichelt und auf dem Küchentisch sein ölverschmierten Ersatzteile ordnet.

1. Im Galopp ändern

Fangen Sie vor den Augen Ihres Liebsten einen Flirt mit einem Automechaniker oder Rennfahrer an. Wetten, dass er plötzlich und unerwartet feststellt, dass Autos ziemlich uninteressant sind? Kaufen Sie sich stapelweise Autozeitschriften, die Sie laut seufzend durchblättern. Telefonieren Sie »heimlich« mit Ihren Freundinnen, also wenn er garantiert mithören kann, und berichten Sie ihnen über Ihre neue Leidenschaft: schicke Autos und Männer, die sie reparieren können und sich dabei auch noch für Frauen wie Sie interessieren.

Hängen Sie Fotos von bekannten Rennfahrern bei sich auf und vergessen Sie nicht, ein Bild von Ihrem netten jungen Tankwart, wohlgemerkt gerahmt, auf Ihrem Nachttisch zu deponieren. Bevor Sie abends das Licht ausschalten, nehmen Sie das Foto in die Hand und schauen es sinnig an. Das wird pure Medizin für Ihren Cowboy sein und ihn wach werden lassen, weil er deren Nebenwirkungen nicht absehen kann.

Wenn das alles nicht hilft und Sie ihn dennoch lieben, können Sie immer noch gemeinsam mit ihm an seinem Auto basteln. Mag sein, Sie bekommen seine volle Aufmerksamkeit, wenn Sie sich nach einem Volkshochschulkurs »Autotechnik für Frauen« in einem hautengen Blaumann mit ihm unter den Wagen legen und die Ölleitung überprüfen.

Versuchen Sie es auch einmal mit einer Reitbeteiligung, damit könnten Sie ihm einen Kindheitstraum erfüllen und von seinem Auto ablenken. Außerdem duftet er, wenn er von der Reitstunde nach Hause kommt, seinem Äußeren entsprechend nach Stall und nicht nach Benzin. Sollte es zu einem Reitunfall kommen, hat sich Ihr Problem unter Umständen von selbst gelöst.

2. *Zuckersüß trennen*

Auch wenn Ihr Liebster ansonsten ein ganz Süßer ist, könnte es ihn verbittern, wenn Sie ein Pfund Zucker in den Tank seines Autos schütten. Es wird ihn auch nicht freuen, dass sich auf der teuren, nun leicht verbogenen Antenne ein angegammelter, mehr als würzig duftender Makrelenkopf anstelle seines Fuchsschwanzes, Symbol seiner Männlichkeit, befindet. Ein solcher Fischkopf oder ein Harzer Käse, dessen Verfallsdatum seit zwei Wochen überschritten ist, eignet sich auch hervorragend, um in der Lüftung oder Klimaanlage des Wagens untergebracht zu werden.

Kennen Sie ein paar Jugendliche, die gern Graffitis sprühen? Am Auto Ihres baldigen Ex-Partners können Sie sich herrlich kreativ betätigen. Wenn Ihnen das zu heikel ist, reichen sicher auch hundert bis zweihundert Aufkleber, vorzugsweise von Frauen- und Umweltinitiativen, mit Sprüchen wie »Runter mit dem Männlichkeitswahn«, »Fahrrad fahren ist gesund« oder »Rauf mit den Benzinpreisen«. Diese verteilen Sie über den ganzen Wagen, damit sie auch wirklich gut halten, um ihm eine Freude zu machen.

Schließlich hat sich Ihr Partner immer wieder darüber beschwert, dass Sie sich nicht für sein Hobby interessieren und nie dabei helfen, den Wagen zu polieren. Ist er nun böse, obwohl Sie sich in mühevoller Kleinarbeit bemüht haben, das Auto zu verschönern, kann dies nur ein Beweis dafür sein, dass Sie Welten trennen.

Der Straßenjesus

Manche Menschen glauben daran, dass der Sohn Gottes bald wieder auf diese Erde kommt. Und ausgerechnet Ihnen, der Ungläubigen, verstellte er eines schönen Tages in der Fußgängerzone den Weg. Natürlich sah er lediglich so aus wie dieser Mann am Kreuz. Er sah Sie mit einem Sohn-Gottes-Lächeln an und verkündete: »Ich liebe dich!« Sie glaubten, Sie hätten sich verhört, denn in den letzten Jahren war es eher selten vorgekommen, dass Ihnen ein Fremder auf der offenen Straße eine Liebeserklärung gemacht hatte. Schon hatte er den ersten Sieg errungen. Sie blickten ihn an.

Gelassenheit, Freundlichkeit und Heiterkeit strömte er aus wie eine Insel des Glücks und der Ruhe im hektischen, grauen Großstadtgetümmel, und Sie sahen nur noch in seine wunderschönen, strahlend blauen Augen. Er nahm Ihre Hand, drückte ein Heft hinein, hielt seine andere Hand auf, damit Sie Ihre Geldbörse öffneten und meinte: »Lass uns beten ...« Spätestens in diesem Moment hätten Sie Ihre Pumps ausziehen, in die Hand nehmen und wegrennen sollen. Aber Sie sind stehen geblieben und wollten gemeinsam mit ihm ein Kirchenlied anstimmen, an das Sie sich noch dunkel erinnerten, da sang er schon stimmungsvoll »Hare krishna, hare krishna«.

Selbstverständlich trug er Ihnen die Einkaufstüten nach Hause. Nach kürzestem Beisammensein und dem gemeinsamen Schlürfen eines aromatisierten Tees kramten Sie in

Ihren Schubladen nach der Perlenkette mit dem Amulett, die Ihre Großmutter Ihnen vererbt hatte, und färbten all Ihre Kleidungsstücke orange ein.

Das Erwachen kam dennoch unbarmherzig schnell. Sie stellten fest, dass Ihr Jesus nur ein normaler und zudem auch noch ein schlecht gekleideter junger Mann war, dessen Begabung zum Schnorrer alles in den Schatten stellte, was Sie vorher gekannt hatten. Zudem lieferte er jeden Cent an seinen Verein ab.

Nun heißt es beten oder sich selbst helfen.

1. Göttlich ändern

Es liegt auf der Hand, dass Sie nicht die Frau sind, die mit bitterer Leidensmiene stumm vor einem Kaufhaus mit einem Heftchen stehen will. Sie wollen sich weder die Knie blutig rutschen, noch wollen Sie Ihr schwer verdientes Geld an Gurus verschenken oder ähnlichen absurden Freizeitbeschäftigungen nachgehen.

Daher ist es sinnvoll, mit Ihrem Liebsten gemeinsam einen Sektenbeauftragten aufzusuchen. Vielleicht hilft aber auch der ausgiebige Besuch nicht einer Sekten-, sondern Sektkellerei, um ihm dem Spaß am normalen Leben wieder zurückzugeben und seine Ängste vor Repressalien seitens anderer Verklärter zu vertreiben. Lassen Sie sich nicht davon beirren, wenn er Sie in Phasen der Verwirrung Eva nennt, das wird sich schon geben.

2. Zauberhaft trennen

Ob ihm wohl bekannt ist, dass die männliche Fangheuschrecke nach dem vollendeten Geschlechtsakt von der weiblichen Gottesanbeterin aufgefressen wird? Falls ihn das nicht schreckt, so müssen Sie halt zur Eva werden und ihn aus Ihrem Paradies vertreiben. Sicher kann Ihnen ein ordentlicher Geistlicher Ihrer christlichen Gemeinde weitere Ratschläge geben, achten Sie aber darauf, dass dieser schon alt und tatterig ist, sonst haben Sie nachher als »Dornenvögelchen« schon wieder ein neues Problem. Wenn er an den Weltuntergang glaubt, hilft zur Rettung Ihres und seines Seelenheils auch ein One-way-Ticket auf den Mond. Vergessen Sie nach dem Abschuss nicht, dem lieben Gott für seine Hilfe zu danken, denn sie hat es auch nicht leicht.

Die Intelligenten und die Doofen

Auch diese Typen sind sowohl bei dem Versuch, sie zu ändern, als auch im Trennungsfall recht schwierig im Umgang. Der Intelligente und meist auch Intellektuelle will das Problem mit Ihnen sachlich und ausführlich besprechen, auch wenn Sie dies nicht wollen, und dem Doofen können Sie tausendmal sagen, dass Schluss ist, er wird es einfach nicht begreifen.

Der Intelligente

Wir kennen ihn alle, wenn nicht privat, dann wenigstens aus unserer Schulzeit: den Intellektuellen. Früher entsprach er vom äußeren Erscheinungsbild einem bestimmten Grundmuster und sah aus, wie Gymnasiallehrer, Professoren und Doktoren der Philologie eben aussehen. Er wirkte meist ein wenig bieder und unsportlich und versteckte seine Augen hinter einer Brille. Er blickte oft tiefsinnig in die Ferne, auch wenn in der Ferne gar nichts zu sehen war.

Heute ist das schwieriger. Man erkennt diesen Typen nicht mehr auf den ersten Blick. Es gibt aber auch immer noch zwei klassische Grundtypen. Zum einen handelt es sich hierbei um ein introvertiertes Exemplar, das am liebsten in seiner eigenen Welt lebt und Gespräche mit jemand so Profanem wie einer Lebensgefährtin nur dann führt, wenn diese absolut notwendig und vernünftig sind. Das ist besonders ärgerlich, wenn Sie sich gern mit ihm einmal so richtig nett über Gott und die Welt unterhalten und ein bisschen klatschen wollen, weil keine Ihrer Freundinnen telefonisch erreichbar ist. Sie müssen schnell feststellen, dass er solchen Unterhaltungen keinen Wert abgewinnen kann.

Der extrovertierte Intellektuelle ist als Nervensäge schon ein ganz anderes Kaliber, weil er nicht nur »nach innen hin« klug ist, sondern auch sein gesamtes Umfeld, insbesondere Sie, permanent von seiner enormen Intelligenz und Bildung überzeugen muss. Nicht dass er mit seinem Wissen angeben will, das hat er gar nicht nötig. Nein, er ist von Geburt aus Lehrer, und ein solcher Mann ist auch in seiner Freizeit gern unterrichtend tätig.

Unangenehm wird diese Männergattung insbesondere, wenn er Ihnen nicht nur daheim auf dem Sofa sitzend Vorträge hält, sondern auch in der Öffentlichkeit den Oberguru heraushängen lässt. Dann wird er Sie, wo es nur geht, mit einem milden Lächeln auf vermeintliche Fehler aufmerksam machen, zum Beispiel Ihre Aussprache korrigieren nach dem Motto: »Liebling! Es heißt nicht: Du gehst nach Aldi, sondern zu Aldi, und außerdem kaufen wir dort sowieso nie ein.« Oder er doziert im Restaurant liebevoll über die biologisch-genetischen Unterschiede zwischen Möhren und Rüben, macht sie liebevoll darauf aufmerksam, dass man das Besteck von außen nach innen benutzt und die Serviette nicht proletarisch neben dem Teller, sondern generell auf dem Schoß platziert usw. Schließlich sollen Sie sich ja weiterentwickeln, wofür haben Sie ihn denn. Es ist schon bewunderungswürdig, dass er zu jedem Thema seinen Senf logisch richtig abgeben kann und sich tatkräftig bemüht, die Bildungslücken Ihrer Freunde aufzufüllen.

Wenn Sie nicht absolut lernbegierig sind und nicht schon immer einen Vaterersatz suchten, werden Sie nach anfänglicher Bewunderung eher missmutig als begeistert auf den ständigen Bildungsauswurf reagieren. Folglich heißt die Alternative: ihn ändern oder sich trennen.

1. Clever ändern

Einen Intellektuellen können Sie nicht dümmer machen, das steht fest. Allerdings können Sie ihm vermitteln, dass er Sie mit seinem Getue entsetzlich langweilt. Sobald er damit beginnt, Ihnen Dinge zu erzählen, die Sie überhaupt nicht hören möchten, sollten Sie so intensiv anfangen zu gähnen, als hätten Sie Nächte lang kein Auge zugetan.

Eine andere erfolgreiche Variante ist es, sich absolut dumm zu stellen und ihn, sobald er etwas Kluges geäußert hat, mit großen bewundernden Augen und offenstehendem Mund mit möglichst völlig naiven Fragen so lange zu löchern, bis er froh ist, dass Sie sich endlich anderen »unheiligen« Dingen zuwenden, zum Beispiel der neuen Kitschserie im Fernsehen. Der Trick dabei ist, dass Männer in der Regel Frauen nur dann belehren wollen, wenn ihnen der Sinn danach steht und nicht, wenn es ihnen aufgezwungen wird.

Hilfreich kann es in dem Zusammenhang ebenso sein, ihm in dem Moment, da er gerade etwas Wichtiges tut, zum Beispiel ein Lexikon studiert oder den Spiegel auswendig lernt, mit Fragen auf den Geist zu gehen wie: »Herzchen, was liest du denn gerade? Kannst du mir was vorlesen? Kannst du mir das erklären?« usw. auf den Geist gehen.

Spielen Sie gemeinsam »Wer wird Millionär«, setzen Sie schon bei der zweiten Frage einen Joker und erzählen Sie all Ihren Freundinnen, so dass er es hören kann, dass Sie ihn mit verstellter Stimme zu der Fernsehshow angemeldet haben, weil nämlich keiner so schlau ist wie er.

Kurz und gut: Übertreiben Sie Ihre Bewunderung maßlos, das wird ihn schneller auf den Teppich zurückbringen, als Sie glauben. Es kann allerdings auch passieren, dass er zu der Überzeugung gelangt, Sie seien einfach zu dumm für ihn. Machen Sie sich nichts daraus. Sollte das passieren, waren Sie in der Tat nicht zu dumm, sondern zu schade für ihn.

2. *Blöd trennen*

Sollten Sie ein diskussionsfreudiges Exemplar Mann vertreiben wollen, lassen Sie sich keinesfalls auf ein Gespräch über Ihre Beziehung ein. Leider ist der Intellektuelle einer, der sich durch die Aussagen »Du bist mit zu anstrengend. Ich trenne mich von dir!« nicht so einfach abschieben lässt. Er wird Sie Tag und Nacht mit der Frage nach logischen Gründen für eine Trennung bestürmen und Ihnen zahlreiche gute Argumente dafür liefern, wie gut Sie beiden doch zusammenpassen und wie sehr Sie ihn lieben.

Schreiben Sie ihm besser ein Gedicht oder, wenn Ihnen das Dichten nicht liegt, suchen Sie aus einem Gedichtband eines aus. Hier ein Vorschlag, ein Gedicht von Christian Morgenstern, mit dem Sie Ihren baldigen Ex-Schatz hoffentlich eine Zeit beschäftigen können:

Ich gehe tausend Jahre
Um einen kleinen Teich
Und jedes meiner Haare
Bleibt sich im Wesen gleich,

Im Wesen wie im Guten,
das ist doch alles eins,
so mag uns Gott behüten
in dieser Welt des Scheins.

Wir können ja Freunde bleiben ...

Schreiben Sie die möglichst undurchsichtigen, nach Abschied riechenden Worte mit schwarzer Tinte auf ein besonders schönes Papier. Schließlich wollen Sie ihn mit Stil loswerden. Ganz wichtig ist hierbei, dass er den Inhalt des Gedichtes nicht sofort versteht und sich tagelang und hoffentlich auch nachts mit der Interpretation der Zeilen im Zusammenhang mit Ihren Scheidungsabsichten beschäftigt. In dieser Zeit wird er endlich einmal still sein, und Sie können sich so wichtigen Angelegenheiten widmen, wie ihm eine neue Wohnung zu suchen, Ihren Anwalt zu konsultieren oder endlich einmal ohne jede Vornehmheit mit ein paar bodenständigen Jungs einen trinken zu gehen, bis Ihnen schwindelig wird.

Ist Ihnen gleichgültig, ob Sie sich elegant oder eher plump trennen, können Sie auch die »Doofen-Masche« mit einem »Reim-dich-oder-ich-freß-dich«-Gedicht zur endgültigen Abschreckung versuchen. Achten Sie dabei darauf, möglichst viele, aber glaubwürdige Fehler zu machen. Scheuen Sie sich nicht davor, Fremdwörter falsch zu benutzen. Fällt Ihnen selbst nichts ein, so schreiben Sie folgendes ab:

Abschiedsgedicht

Du bist ein netter Mann
Doch ist an dir nichts dran.
Du redest mich nur tot
Damit habe ich meine Not
Drum will ich dich nicht mehr sehen.
Deshalb musst du gehen
Usw. usf.

Wenn er es dann immer noch nicht begreift, suchen Sie sich noch ein paar Trennungsvorschläge aus den anderen Männer-Rubriken heraus. Schließlich birgt ein Mann meist mehrere Seelen in seiner Brust.

Der Doofe

Das Problem mit den Doofen ist, dass sie gar nicht merken, wie dumm sie sind. Im Gegenteil: Sie halten sich meist für besonders clever. Leider merken hin und wieder aber auch Frauen nicht, wen sie da wirklich erobert haben, weil die Doofen fast immer auch gute Blender sind.

Sie treffen ihn zum Beispiel Weiberfastnacht in einem zünftigen Lokal, das Sie zu einer anderen Zeit niemals besuchen würden, weil dort immer nur alte Männer beim Stammtisch herumsitzen. Er ist nicht sichtbar verkleidet und outet sich Ihnen gegenüber kurz nach der schweißtreibenden Polonaise als Professor, wohlgemerkt als einen der jüngsten Deutschlands, erzählt, dass er keinen Wert auf seine Titel lege und flüstert Ihnen weitere fünf Minuten später ins Ohr, er verdiene monatlich 20000 Euro. Noch während Sie mit Ihren Freundinnen schunkeln und singen, stört er Sie mit der Masche: »Mein Haus! Mein Auto! Mein Boot!«

Sollte Sie dies immer noch nicht beeindrucken, versucht er zärtlich Ihre Hand zu halten. Seine ist mit Schwielen übersät, wie das bei Professoren nun mal üblich ist, unter dem einen oder anderen Fingernagel lässt sich auch ein wenig Altöl entdecken (oder handelt es sich um schwarze Tinte?). Er säuselt Ihnen ins Ohr, dass er Sie ja so bewundert, weil Sie nicht nur schön, sondern auch intelligent sind.

Da der Doofe nun mal doof ist, hat man seine Tour als Frau schnell durchschaut, zumal ein echter Professor seinen Titel meist nicht betont, wenn er sich mit einem intelligenten Menschen unterhält. Schließlich gehören solche Gespräche für ihn zur Tagesordnung. Doch warum ist Intelligenz für echte Doofe etwas Bemerkenswertes? Jeder wünscht sich eben das am meisten, was er nicht hat. Und für den Blödmann ist dies nun einmal eine intelligente Frau. Eigentlich dürften Sie nicht auf ihn hereingefallen sein, auch nicht, als er Ihnen erzählte, er sei ein großer Freund der Frauenemanzipation und habe kürzlich Die Päpstin und Das Superweib gelesen.

Weil der Überlebenskampf in und außerhalb der Kneipe für mental unterversorgte Männer besonders hart ist, entwickeln sie eine gewisse Bauernschläue, und der dümmste Bauer erntet bekanntermaßen die dicksten Kartoffeln. Dies bedeutet in diesem Fall, dass Sie die Kartoffel und ihm auf den Leim gegangen sind. Hin und wieder hat man halt als clevere Frau auch mal eine kleine Bewusstseinstrübung oder auch einen vorübergehenden Blackout.

Gehen wir davon aus, dass Sie nicht so viel Wert darauf legen, in allen Bereichen die Überlegene und auch nicht die mit dem volleren Konto zu sein. Dann sollten Sie sich bemühen, Ihren Liebsten zu ändern. Dies mag in so manchem Fall auch einfacher sein, als sich von ihm zu trennen.

1. Schlau ändern

Schenken Sie ihm einen Timer, also einen Terminkalender, in dem er, wenn er schreiben kann, all seine zukünftigen Termine von Kursen in der Volkshochschule, die Sie ihm ausgesucht haben, notieren kann. Er wird nun seine Abende mit Grammatikkursen in Deutsch, Fremdsprachen und allerlei Seminaren zu Geographie und Kultur verbringen dürfen. Machen Sie ihm klar, dass Sie sich nicht weiter mit ihm schämen wollen. Wenn ihm etwas an der Beziehung zu Ihnen liege, bilde er sich für Sie weiter.

Sollten Sie nach einer Weile feststellen, dass Bildung nicht automatisch Intelligenz ersetzt, kann es hilfreich sein, ihn zu dem Kurs »Allein leben, allein sein« anzumelden.

2. Lehrreich trennen

Die Doofen begreifen es noch weniger als die anderen Männertypen, wenn Frauen »Tschüss« sagen. Sie können es einfach nicht verstehen. Stellen Sie sich das so vor, als wenn Sie einen Japaner in Indien nach dem Weg nach Entenhausen fragen. Der versteht Sie genauso wenig.

Dennoch bleibt Ihnen nur die Möglichkeit, es zunächst mit einfachen Worten zu versuchen: »Du, wir hatten eine schöne Zeit (ist natürlich gelogen), und die ist jetzt zu Ende (das ist wahr). Deshalb möchte ich gern, dass du ausziehst.« Da seine Wohnung vermutlich viel zu geschmacklos war, ist er nach kürzester Zeit bei Ihnen eingezogen und möchte sein nettes neues Heim nun nicht kampflos aufgeben. Daher wird er aller Wahrscheinlichkeit nach weiter auf

Ihren Nerven herumtrampeln, zu weinen beginnen und schluchzen: »Ich weiß, ich bin deiner gar nicht würdig. Ich kann mit dir auch gar nicht mithalten. Das ist mir doch klar! (Nicht vergessen: Er lügt!) Aber ich liebe dich, ist dir das denn gar nichts wert?« (Dafür können Sie sich auch nichts kaufen.) Das ist der entscheidende Moment. Sollten Sie jetzt mütterliche Gefühle entwickeln, wird er zeit Ihres Leben hinter Ihnen herjaulen.

Setzen Sie beim Trennungsgeschehen auf seine Minderwertigkeitsgefühle und machen Sie sich in Ihrem Freundeskreis in seinem Beisein liebevoll über ihn lustig, nach dem Motto »Mach kaputt, was dich kaputtmacht«. Gut geeignet ist hier die Kennenlern-Geschichte. »Als ich meinen Schatz zum ersten Mal sah, dachte ich doch wirklich, er hätte etwas auf dem Kasten! Nicht wahr, Schatz? Aber als er dann den Mund aufmachte, bekam ich dann schon einige Zweifel. Wir haben dann beide aber schnell gemerkt, dass ich ihm weit überlegen bin. Trotzdem fand ich ihn echt süß! Damals. Bernd (Peter, Jürgen o.Ä.) hat viel von mir gelernt. Schatz, sag doch mal das Ostergedicht auf, das du so schön kannst.« Selbst der dümmste Mann wird nicht gern vor seinen Freunden bloß gestellt, und wenn Sie es so richtig fies anstellen, kehrt er garantiert irgendwann wieder in seine Bruchbude zurück.

Der mundfaule Langeweiler

Als Sie ihn kennen lernten, fanden Sie seine ruhige und ausgeglichene Art sehr angenehm, weil Sie Ihre Zeit zuvor mit einer Quasselstrippe verschwendet hatten. Der Neue kam Ihnen vor wie ein Fels in der Brandung, auf den Sie bauen konnten wie der Mann, den Sie heiraten müssten und der der Vater Ihrer Kinder werden sollte. Er hörte Ihnen immer zu, wenn Sie etwas zu sagen hatten. Während er Zeitung las oder die Sportschau sah, konnten Sie ihm alles erzählen, was Ihr Herz bewegte. Er sprach nie dazwischen und nickte immer zustimmend. Sie konnten sogar herrlich über Leute lästern, und nie merkte er kritisch an, Sie seien doch wohl eine kleine Hexe. Was für ein Mann!

Heute wissen Sie, warum er Ihnen nie widersprach und warum Sie auch nie gestritten haben. Er hat Ihnen nämlich gar nicht zugehört. Deshalb konnten Sie ihm auch dieselbe Geschichte zwei- oder dreimal erzählen. Für ihn war die Story immer neu.

Es ist auch nicht so, dass er vergesslich ist, wenn ihm die Namen Ihrer Freunde und Bekannten entfallen. Er hat nur nicht mitbekommen, dass Sie welche haben bzw. wie sie heißen. »Gabi hat mir neulich erzählt, dass ...«, beginnen Sie eine Unterhaltung mit ihm. Er blickt von seinem Aquarium auf, dem er sich stets intensiv widmet, und fragt neugierig: »Welche Gabi ...?«

Gabi ist Ihre beste Freundin. Sie telefonieren täglich mindestens einmal mit ihr und sehen sie jede Woche. Aber das macht ja nichts. Sollte Gabi Sie besuchen und er ist daheim, was Gabi meist zu vermeiden sucht, weil sie ihn nicht leiden kann, wird er so unterhaltsam sein, dass Sie nur staunen können. Er brilliert mit seiner Intelligenz und seinem Charme und erzählt hin und wieder sogar einen Witz. Kaum zu glauben: Ab und zu unterhält er sich gern. Das sind die seltenen Highlights in Ihrem Leben. Dann plaudert er lebhaft über Guppys und Welse und berichtet bildhaft über deren Paarungsverhalten und seine Pläne für ein Aufzuchtbecken.

Wenn aus Ihrem Fels in der Brandung ein nichtssagender Kiesel am Wegesrand geworden ist, loten Sie die Möglichkeiten aus, ihn zu ändern – oder machen Sie sich auf zu neuen Ufern.

1. *Biologisch ändern*

Erklären Sie ihm, dass schweigende Männer auf Frauen nur für sehr kurze Zeit tiefgründig wirken geschweige denn ihre Fantasie anregen. Schenken Sie ihm ein Salzwasserbecken oder laden Sie ihn zu einem gemeinsamen Schaumbad ein, denn abwechslungsreicher Sex macht müde Männer munter. Vergessen Sie aber nicht, zumindest ein Quietsche-Entchen und einen Plastikgoldfisch mit ins Wasser zu nehmen, damit er in seinem Element bleibt und ein Gegenüber für einen ausgiebigen stummen Dialog hat.

Sperren Sie ihn für mindestens zwölf Stunden in Ihr Badezimmer ohne Fenster oder in einen Schrank. So lernt er, dass es außer bedeutungsvollem Schweigen noch diverse andere Möglichkeiten der Kommunikation mit Ihnen gibt. Nutzt das nicht, hilft ihm bestimmt ein Rhetorikkurs, vor allen Dingen, wenn es sich bei ihm um den Dauerschweiger handelt, der außer »Mmh«, »Äh« und »Oh« nichts an Dialogen zustande bringt. Um festzustellen, ob der erste Kurs erfolgreich war, können Sie ihn dann noch einmal ins Bad oder in den Schrank sperren. Bleibt er dort hocken, ohne in klaren Sätzen wie »Ich will raus!« (»Äh, mmh, öffnen ...« gilt nicht!) um Befreiung zu bitten, melden Sie ihn erneut zum Anfängerkurs an.

2. *Kaltfischmäßig trennen*

Wenn Sie ihm eine Freude bereiten wollen, gestalten Sie sein Leben dadurch abwechslungsreich, dass Sie in sein geliebtes Becken ein paar Piranhas setzen, um ein biologisches Gleichgewicht herzustellen. Die Heizung vom Becken abzustellen, einen Tauchsieder hineinzustecken oder mit dem Glasbohrer ein kleines Loch an der Hinterwand des Aquariums anzubringen, ist allerdings aus tierschützerischen Gründen genauso abzulehnen, wie ihm ein köstliches Fischragout zu servieren. Ihre Abschiedsrede könnten Sie mit den Worten von Wilhelm von Humboldt verfeinern: »›Die Sehnsucht nach wahrer Freundschaft und Liebe ist ein Vorrecht zarter und gebildeter Seelen.‹ In dieser Hinsicht bist du viel zu schade für mich. Wahre Freundschaft und gute Unterhaltungen solltest du mit Maria (Goldfisch) pflegen. Sie wird dir immer treu bleiben.«

Der unterhaltsame Partytyp

Wo haben Sie ihn kennen gelernt? Auf einer Party, ganz klar. Er ist Ihnen sofort aufgefallen, weil er so gut tanzte, sein Hüftschwung war unvergleichlich sexy, er war ein charmanter Unterhalter, der Sie zum Lachen brachte und Ihnen – glaubhaft – ein Kompliment nach dem anderen über Ihre hübschen Augen und Ihren sinnlichen Mund machte, Ihnen kleine Häppchen vom Buffet mitbrachte und dafür sorgte, dass Ihr Glas niemals leer wurde. Fast alle Frauen um Sie herum machten ihm schöne Augen (nur die nicht, die schon seine nähere Bekanntschaft gemacht hatte, aber das konnten Sie nicht wissen, weil eine Lady genießt und schweigt bzw. über Fehlgriffe nicht gern spricht), aber er hatte nur Augen für Sie. Die erste gemeinsame Nacht war wunderbar, und er verstand es im Gegensatz zu den anderen Männern, die mehr oder weniger länger mit Ihnen gekuschelt hatten, selbst im Tigerhöschen witzig zu sein. Auch in der zweiten

Nacht, in der er einen blauweiß gestreiften Body trug, fanden Sie ihn hinreißend komisch.

Ihnen ist heute nicht mehr zum Lachen zumute? Wie schade! Dies wird zum einen daran liegen, dass er Ihnen garantiert den neuesten Witz erzählt, wenn Sie mit ihm zusammenliegen und Ihnen der Sinn eher nach Küssen als nach Lachanfällen steht. Zum anderen kennen Sie seine Witze schon auswendig, und er erzählt sie auch immer öfter bei anderen, als er mit Ihnen lacht. Zu Hause ist er nämlich eher der Abgähner, der sich von anstrengenden Partyabenden erholen muss. Machen Sie der Langeweile ein Ende, indem Sie ihn ändern oder Ihr Leben ohne ihn unterhaltsam gestalten.

1. Mit Moschus ändern

Ein Partylöwe kommt erst auf Touren, wenn es eine Party gibt – insbesondere wenn er dazu nicht eingeladen ist. Schmeißen Sie sich zweimal in der Woche in Schale, kurzer Rock, schwarze Strümpfe und rote Pumps sind dabei obligatorisch. Nebeln Sie sich mit einem intensiven Moschusduft ein, und erklären Sie ihm, dass Sie mit Ihrer Freundin ins Kino gehen. Sobald Sie eine gute Stunde außer Haus sind, sollte Ihre Freundin bei Ihnen anrufen und nach Ihnen fragen.

Darüber hinaus könnte Ihre Freundin während der Woche mehrmals bei Ihnen anrufen und schnell den Hörer auflegen, wenn Ihr Partner am Telefon ist. Vielleicht ist es möglich, auch einen netten Kollegen dafür zu gewinnen, hin und wieder bei Ihnen durchzuläuten und, wenn Ihr Lebensabschnittslöwe am Apparat ist, generell zu sagen: »Oh, da habe ich mich verwählt.« Er könnte mit Ihnen auch nach der offiziellen Arbeitszeit ausgiebig über Gott und die Welt reden. Vergessen Sie jedoch nicht, Ihrem Partner gegenüber zu erwähnen, wie unterhaltsam, gutaussehend und qualifiziert Ihr Kollege ist. Es ist durchaus möglich, dass Ihr Schatz sein weißes Rippenunterhemd und seine ausgeleierte Jogginghose, die er außerhalb von gesellschaftlichen Verpflichtungen wie Partys trägt, flugs entsorgt und sich zu Hause darum bemüht, wieder zu dem Mann zu werden, den Sie einmal kennen gelernt haben.

2. Als Löwin trennen

Folgen Sie einfach Ihren Urinstinkten und gehen Sie auf die Jagd. Es ist schon aus der Natur bekannt, dass eigentlich die Löwinnen die aktiven sind. Die Könige des Urwaldes, der Steppe oder wo immer sonst sie auf einem Thron sitzen, liegen eher den lieben langen Tag in der Sonne und dösen vor sich hin. Die Weibchen sind diejenigen, die Beute machen. Ihr Liebster wird sich schneller austauschen lassen, als Sie zunächst glauben.

Die Zärtlichen und die Ungeschickten

Es gibt Naturtalente und solche, die es anscheinend nie lernen. Schließlich geht es bei Interaktionen in der Horizontalen nicht um Dinge, die man lernen kann wie eine Fremdsprache. Und auch Übung macht hier nicht unbedingt den Meister. Zahlreiche Psychologen und andere Wissenschaftler haben sich jahrelang bemüht zu erklären, die Unterschiede zwischen Mann und Frau seien gar nicht so groß.

Frauen bleiben allerdings auch die kleinsten Unterschiede zwischen den einzelnen Herren der Schöpfung nicht verborgen, zum Beispiel beim Reinigen der Toilette nach einer Party. Die Spuren sind unverkennbar: Da gibt es die emanzipierten Sitzer, die vorsichtigen Steher und die munteren Schüttler, die sich rundherum verewigen. In Europa soll der kleine Unterschied zwischen den Männern übrigens durchschnittlich 152 Millimeter ausmachen. Letztendlich ist man sich aber immer noch nicht ganz sicher, ob die Verschiedenheit nicht doch eher im Kopf als an anderen Stellen offenbar wird.

Der Jungfräuliche

Eines Tages hat es Sie erwischt. Sie trafen sich schon seit drei Wochen, dann küsste er Sie endlich zum ersten Mal. Dennoch blieb er nicht über Nacht. Sie überlegten sich, ob Sie vielleicht nicht attraktiv genug für ihn wären oder ob er schwul sein könnte. Sie beruhigten sich sogleich mit dem Gedanken, dass er eine Beziehung vermutlich ernst nimmt und nicht gleich mit einer Frau ins Bett hüpfen will. Er will eben erst das nötige Vertrauen aufbauen, himmelten Sie ihn an.

Immer wenn Sie näher an ihn heranrückten, wurde er rot und schlug verschämt die Beine übereinander. Oder er suchte flugs das Weite, begann Ihre Küche aufzuräumen, stellte den Fernseher an oder flüchtete aus der Wohnung, weil ihm plötzlich einfiel, dass er noch einen wichtigen Termin wahrzunehmen hätte. Nun, das Ganze ist wahrlich kein Grund zur Sorge. Vermutlich haben Sie sich einen »Jungmann« geangelt.

Jungmänner haben alle das gleiche Problem: Sie suchen eine Frau, die sie von diesem »Makel« befreit. Weil ihnen nichts peinlicher ist, als mit fortschreitendem Alter immer noch nur theoretisch über die »Dinge, die die Welt erheben«, Bescheid zu wissen, binden sie ihr »Defizit« auch keinem auf die Nase. Um ihre Unerfahrenheit zu kompensieren und den dadurch entstehenden Minderwertigkeitsgefühlen zu entfliehen, reifen sie zu kleinen Münchhausen im Casanova-Gewand heran; das heißt, sie protzen, wo es nur geht, mit ihren unglaublichen »Weibererfahrungen« herum. Dabei sind sie im Kreise ihrer Geschlechtsgenossen immer auf der Hut, dass man sie nicht entlarvt, also als Jungmänner enttarnt.

Haben Sie Verständnis für ihn und bedenken Sie bitte, dass Männer generell eine innige Beziehung zu ihrem »besten Stück« haben, ihm oftmals einen Namen geben, als sei er ein eigenständiges Wesen und sich sogar mit »Otto«, »Karlchen« oder »Hansi« unterhalten. Denken Sie an Ihr erstes Mal. Dann werden Sie sich zumindest ein wenig in ihn hineinversetzen können.

Sie sind eine erwachsene Frau und haben bei aller Liebe keine Lust mehr, nur stundenlang mit ihm Händchen zu halten, wenn Ihnen ein Schauer nach dem anderen über den Rücken läuft? Da hilft nur: ihn zum Mann machen oder die Flinte ins Korn werfen und ihm seine Entjungferung allein überlassen.

1. Einfühlsam ändern

Jungmänner sind wie alle anderen Männer auch Menschen: Behandeln Sie den Ihren also bitte gefühlvoll. Wenn Sie sich auf ihn stürzen, läuft er vielleicht nur mit der Unterhose bekleidet aus dem Haus und trägt von diesem Erlebnis einen Schaden fürs Leben davon, insbesondere wenn er auf Ihre Nachbarin trifft, die sich vor Lachen nicht mehr halten kann oder die Polizei ruft.

Ein seriös-zurückhaltender Film wie »Mrs. Robinson« mit Anne Bancroft und Dustin Hoffman eignet sich gut zur Vorbereitung und Einstimmung auf sein allererstes Mal. Sie sollten Ihren Traummann hierfür allerdings nicht vor dem Fernseher festbinden müssen. Laden Sie ihn zum Abendessen ein und versprechen Sie ihm einen »richtig gemütlichen Abend«. Während Sie in der Küche die letzten Vorbereitungen für Ihren Schmaus treffen, soll er sich doch ruhig schon einmal den Beginn des Films ansehen. Achten Sie darauf, welche Möglichkeiten der Annäherung sich Ihnen bieten: Könnten Sie ihm den Nacken massieren? Ruht sein Arm ausgestreckt auf der Sofalehne und Sie könnten sich so neben ihn setzen, dass er Sie unwillkürlich in selbigen nimmt? Ihrer Fantasie sind keine Grenzen gesetzt.

Fahren Sie übers Wochenende gemeinsam in den Kurzurlaub und buchen Sie dafür zwei nebeneinander liegende Einzelzimmer. Klopfen Sie zwischen drei und vier Uhr in der

Früh – der Tiefschlafphase, in der ein Mann selten Widerstand zeigt – an seine Tür und drängen Sie sich unter dem Vorwand, Sie hätten in Ihrem Zimmer merkwürdige Geräusche gehört oder eine Gestalt am Fenster gesehen, in sein Bett. Versichern Sie ihm, dass Sie ihn nun sehr brauchen, vor allem seine Wärme und Nähe.

Wenn all Ihre Verführungskünste sich als nutzlos erweisen, kann nur noch ein offenes Gespräch helfen. Vielleicht ist er ja überhaupt nicht an Frauen interessiert. Trösten Sie sich in diesem Fall mit dem Gedanken, einen Freund fürs Leben gefunden zu haben oder lesen Sie die Strategien unter »Der beste Freund« (siehe Seite 155) nach.

2. Mit Woody Allen trennen

Wie heißt der Film von Woody Allen noch gleich? »Was Sie schon immer über Sex wissen wollten«. Dieser Film wird Ihren Jungmann nicht für alle Zeiten für die Frauenwelt verderben, aber sicher so verunsichern, dass er alle Hoffnung aufgibt »es« irgendwann in entfernter Zukunft mit Ihnen zu tun und Sie sich nicht mehr monatelang mit ihm abmühen müssen. Sollte er einer von der prüden Sorte sein, wird es ihn sicher abschrecken, wenn Sie ihm ein Buch von Erica Jong oder Charles Bukowsky schenken. Kuriert ihn das, war er doch kein hoffnungsloser Fall. Um so besser für Sie, wenn Sie ihn immer noch gern haben.

Der Drei-Minuten-Mann

Wenn eine Frau sich in einen Mann verliebt hat, sollte ihr erster Sex mit ihm ein grandioses Erlebnis sein. Bei Ihnen war dies nicht so? Vermutlich waren ich zu aufgeregt, hatten

Sie sich gesagt. Beim zweiten und dritten Mal hofften Sie schon ein bisschen mehr davon zu haben. Es kann ja nicht immer auf Anhieb klappen, dachten Sie.

Und dann stellten Sie fest, dass »es« dennoch nicht besser wurde. Entweder sah Ihr Liebster Sie nach drei Sekunden des Beisammenseins, sobald Ihr Atmen etwas schneller ging oder kurz bevor Sie die angenehmen Wellen Ihren Körper durchfluten spürten, erwartungsvoll an und fragte besorgt: »Schatzi, bist du auch gleich soweit?« Sie antworteten nicht fröhlich: »Mein Geliebter, ich denke, du solltest dich noch fünf bis zehn Minuten gedulden. Ich sage dir dann frühzeitig Bescheid!« Nein, nun war es soweit, dass Sie am liebsten den Fernseher einschalten wollten, um die Tagesschau oder den Tatort nicht zu verpassen.

Es ist nur zu verständlich und auch gesünder, dass Sie endlich das erleben möchten, was man in wunderschönen Liebesfilmen so sieht. Auch Sie wollen einmal an einem Morgen »danach« mit verklärtem Blick und um hundert Prozent verschönert durch die Welt laufen und die bewundernden Blicke von Männern und Frauen auf sich spüren. Dann kann die Lösung des Problems nur sein, ihm zu vermitteln, wie »es« anders sein kann, oder sich jemanden zu suchen, der in dieser Hinsicht besser zu Ihnen passt.

1. Tierisch ändern

Sicher haben Sie schon hin und wieder diskret versucht, ihm zu erklären, dass Sie etwas andere Vorstellungen von einer gelungenen Liebesnacht haben als er. Leider werden die meisten Männer, sollte auch nur die kleinste Kritik an ihren Fähigkeiten als Liebhaber aufkommen, spontan taub oder impotent.

Beginnen Sie das Gespräch also behutsam mit einem anregend-konstruktiven Beitrag aus der Tierwelt: »Hast du schon gehört, dass es den Herren der Schöpfung für die Beurteilung ihrer sexuellen Leistungskraft wichtig ist, wie groß ihr ›Otto‹ ist? Das ist ziemlich komisch (nun sollten Sie einen fröhlichen Lacher einflechten, um einer Frustration seinerseits vorzubeugen), weil ein Orang-Utan sein Weibchen mit knappen 38 Millimetern Penislänge mindestens 15 Minuten lang beglückt, was nicht jeder Durchschnittsträger von sich behaupten kann. Wo liegt eigentlich das Lineal?«

Lassen Sie sich von profanen Gegenargumenten wie »Ejakulation hat nichts mit Evolution zu tun« keinesfalls beirren und weisen Sie ihn sachlich darauf hin, dass die genetischen Unterschiede zwischen Affen und Menschen sehr gering sind. Hilfreich wird es auch sein, Ihrem Liebsten, bevor er Sie fragen kann, »Schatzi ...?« sinnlich ins Ohr zu flüstern: »Hasilein, Oswald Kolle kann bis 200 zählen, obwohl er kein Mathematiker ist!«

2. Täuschen, tarnen, trennen

Kennen Sie den Filmklassiker »Harry und Sally«? Erinnern Sie sich an die wunderschöne Szene im Lokal, als Sally lautstark beweist, was Frauen so an Täuschungsmanövern im Bett »drauf haben« und die Dame am Nebentisch verzückt bei der Kellnerin das gleiche Gericht bestellt wie sie? Üben auch Sie sich in der Kunst der Täuschung. Ihr Training können Sie, am besten bei geschlossenen Fenstern, allein absolvieren oder – weil es mehr Freude macht – im Kreis Ihrer Freundinnen.

Bevor Ihr Partner Ihnen beim nächsten Sex nun die übliche Frage stellen kann, ziehen Sie eine Show ab, die ihn sprachlos macht. Danach drehen Sie sich mit dem Satz »Du bist super« erschöpft zur Seite und schnarchen, was das Zeug hält. Zunächst wird er stolz auf sich sein, denn wenn eine Frau derart schnell zum Orgasmus kommt, glaubt der Mann, ein begnadeter Liebhaber zu sein. Aber gut Ding will Weile haben. Langfristig wird er äußerst frustriert werden, weil er nie zum Zuge kommt, und sich anderweitig nach einer »langsameren« Frau umsehen. Endlich sind Sie ihn los – ohne sich großartig mit ihm auseinander setzen zu müssen.

Männer sollen sich mit zunehmendem Alter auch mehr Zeit beim Sex lassen. Dies liegt wahrscheinlich daran, dass sie sich auch dabei Gedanken über ihre Altersversorgung machen oder überlegen, ob sich die Partnerin als Krankenschwester bzw. Altenpflegerin eignet.

Der hyperaktive Marathonmann

Die meisten dieser Männer tragen sehr weite Hosen und liegen im Urlaub am Strand generell auf dem Bauch oder planschen im eiskalten Wasser herum. Ihr Blick schwirrt stets unruhig umher. Frauen sehen sie nur selten in die Augen und widmen ihre Aufmerksamkeit lieber anderen weiblichen Körperteilen. Solche Männer richten ihre Beurteilung weiblicher Werte noch seltener als andere Männertypen auf innere Qualitäten.

Es ist jedoch nicht so, dass sie etwas gegen intelligente Frauen haben, denn solange »die Proportionen stimmen«, lieben sie alle Frauen. Dies sind auch die Jungs, die in der Disko Dirty-dancing-mäßig auffallen und ihrer Männlichkeit durch hübschen Goldschmuck Ausdruck verleihen. Sie denken eigentlich an nichts anderes als an Sex. Da Männer allgemein alle sechs Minuten an Sex denken sollen, hat der hyperaktive Marathonmann gar nichts anderes mehr im Kopf. Harald Schmidt hat einmal hervorgehoben, dass sich liebestolle Frösche in Südwest-England mit buchstäblich allem paaren. Sie hören jedoch mit dem Sex auf, wenn sie merken, dass es ein Gummistiefel ist. Und sehen Sie: Das unterscheidet Frösche vom Marathonmann.

Ihr früherer Partner fragte Sie »Schnucki, brauchst du Geld für was Neues zum Anziehen?«, wenn Sie unbekleidet durchs Wohnzimmer tänzelten, und vergrub sich dann wieder hinter seiner Zeitung. Daher waren Sie begeistert, als Sie den Marathonmann kennen lernten. Ihm brauchen Sie heute nur versehentlich zuzuzwinkern, weil Sie ein Staubkorn im Auge haben, und er deutet dies als eindeutiges Signal für Ihre Paarungsbereitschaft.

Es kann sein, dass Sie Ihren »Allround-Lover« als recht strapaziös empfinden und sich zu seiner Verwunderung als Alternative zu Dialogen, die aus »Oh« und »Ah« bestehen, einmal etwas ausführlicher mit ihm unterhalten möchten. Möglicherweise wollen Sie auch endlich einmal wieder vor dem Einschlafen einfach nur ein Buch lesen. Gemeinsam mit dem Marathonmann fernzusehen ist fast unmöglich, nur die Tagesschau und Talkrunden sehen Sie sich noch zusammen an, weil sich dabei selten jemand küsst. Alle anderen Filme bringen ihn gleich auf Touren.

Bekommen Sie inzwischen eine Nervenkrise, wenn Sie das Wort Sex nur hören, möchten Sie wieder in Frieden leben und nackt und unbedrängt ohne Ganzkörperkittel unter der Dusche stehen können? Dann ändern Sie ihn für sein Leben oder zumindest für eine Weile. Sollten Sie dabei aber feststellen, dass Sie nur ein Problem gegen ein anderes austauschen, leben Sie abstinent – bis zu einem besseren Mann.

1. Mit »Selbst ist der Mann« ändern

Ein Marathonmann lässt sich nicht davon abbringen, Sie zu bedrängen, selbst wenn Sie zur Schlaftablette mutieren. Er hat Fantasie genug, um auch dann Spaß zu haben, wenn Sie sich angeödet zeigen, beim Beischlaf nur noch gähnen, dreißig Kilo zulegen, extrem schlampig herumlaufen oder erklären, dass Sie nun Ihr Herz fürs gleiche Geschlecht entdeckt haben (weil er dann nämlich zugucken will). Besorgen Sie ihm ein Heft mit viel nacktem Frauenfleisch, so etwas wie den Playboy, den Sie als Frau gegebenenfalls noch vertreten können. Männer lassen sich im Gegensatz zu Frauen eben nicht nur von dem, was sie erleben, sondern vor allem von dem, was sie sehen, stimulieren. Erklären Sie ihm, dass es keine Sünde ist, nach der »Do-it-yourself«-Methode zu verfahren.

Unter Umständen hilft das Gespräch mit einem Männerarzt, sein Übermaß an Testosteron durch entsprechende (heimlich unter das Essen gemischte) weibliche Hormone zu regulieren. Möglicherweise genügt auch ein Blick in die Packungsbeilage Ihrer Anti-Baby-Pille. Sollte er, weil er sich seiner Brust schämt, irgendwann überhaupt keine Lust mehr haben, könnten Sie sich immer noch einen anderen Partner suchen oder so lange mit der Medizin experimentieren, bis die Dosis stimmt.

2. Nein sagen und trennen

Gibt es immer noch Frauen, die nicht im richtigen Moment nein sagen können? Sollten Sie dazu gehören, stellen Sie sich vor den Spiegel und sagen Sie immer wieder »nein, nein, nein!«. Diese Übung können Sie überall weiterführen, zum Beispiel im Supermarkt, wenn die Kassiererin sagt: »39 Mark 80 bitte!« – »Nein! Nein! Nein!« Es macht überhaupt nichts, wenn Sie dabei mit dem Fuß auf den Boden stampfen. (Sie zahlen selbstverständlich trotzdem.) – Oder im Bus: »Fahrausweiskontrolle, bitte zeigen Sie Ihre Fahrscheine vor!« – »Nein! Nein! Nein!« (Natürlich fahren Sie nicht schwarz.)

Wenn Sie es in solch »peinlichen« Situationen zum Beispiel in der Schlange an der Kasse geschafft haben, nein zu sagen, stellt die Verweigerung im Bett nur noch ein kleineres Problem für Sie dar. Nehmen Sie den Ärger, den Sie sich am Anfang dadurch mit Ihrem Partner einhandeln, gelassen hin, denn aller Anfang ist schwer. Wenn er verstanden hat, dass Sie es mit Ihrer Verweigerung ernst meinen, wird er freiwillig gehen.

Sollte er Sie angrunzen: »Im Bett bin ich ein Tier«, weisen Sie ihm den ihm gebührenden Platz am Fußende Ihrer Schlafstatt zu. Schnell wird er begreifen, dass bei Ihnen nichts mehr zu machen ist, auch wenn er, so positioniert, sicher noch versuchen wird, an Ihren Zehen zu knabbern. Wenn dies wirklich zum Problem werden sollte, tragen Sie vierzehn Tage lang tagsüber Ihre Gummi-Turnschuhe ohne Strümpfe, dann löst sich das Problem wie von selbst.

Die kuschelige Schlaftablette

Er bewegt sich generell langsam, wie in Zeitlupe, wenn er sich überhaupt bewegt. Er ist der Typ Mann, bei dessen Anblick einer Frau das Wasser im Munde zusammenläuft, wenn sie Schildkrötensuppe und Schnecken in Kräuterbutter liebt.

Als Sie ihn näher kennen lernten, waren Sie froh, endlich mal mit einem Mann zu schmusen, der sich für das so genannte Vorspiel ausgiebig Zeit ließ. Auch heute noch genießen Sie die ausgiebigen Vorbereitungen, die er, bis »es« soweit ist, vornimmt. Doch Sie würden gern nach Monaten des Zusammenseins endlich einmal »zur Sache« kommen? Nun seien Sie doch nicht so ungeduldig. Ach so, er ist einmal wieder vorher eingeschlafen? Immer wenn Ihnen der Sinn nach mehr als keuschen Küsschen steht und Sie in schweineteuren Dessous vor ihm posieren, sagt er: »Schäfchen, komm, ich drück dich mal!« Dann herzt er Sie brüderlich, küsst Sie feucht rechts und links auf die Wangen – und das war es dann.

Auf die Dauer würde das jede stören. Eine Frau geht dann an keinem Spiegel mehr vorbei, ohne einen kritischen Blick auf ihr Äußeres zu werfen, und beginnt unter Umständen mit sich selbst zu hadern. Wir beziehen unser Selbstbewusstsein nicht nur daraus, auf das andere Geschlecht ansprechend zu wirken, aber wenn man sich wie ein Putzlappen vorkommt ...?

Ihr Partner ist nicht mehr »jungfräulich«, sondern schlichtweg ein Langeweiler auf ganzer Linie, der nach dem Motto verfährt: »Ich fass mal links an und fass mal rechts an und dann überleg ich es mir doch noch einmal.« Wenn Sie mit einer durchschnittlichen Libido ausgestattet sind, werden Sie nicht unbedingt den Wunsch verspüren, an seinem ausgestreckten Arm zu verhungern. Folglich müssen Sie sich etwas einfallen lassen, um ihn vor dem zu frühen Einschlafen zu bewahren, oder ihn auf den Mond schießen.

1. *Wecken und ändern*

Ergreifen Sie die Initiative. Entsorgen Sie unter dem Vorwand, dass sich Milben in Ihrer Matratze eingenistet hätten, Ihr altes Bett. Kaufen Sie aber bloß nicht sofort ein neues, denn nun müssen Sie es sich mit Ihrem Liebsten erst einmal auf dem Boden gemütlich machen. Damit haben Sie zumindest schon einmal die Gefahr verringert, dass Ihr Schatz besonders schnell und gemütlich einschläft.

Zusätzlich setzen Sie Ihren Liebsten auf eine Kaffee-Diät, sprich: Sie kochen nur noch Speisen oder haben nur noch Getränke im Haus, die Koffein (Teein tut's auch) enthalten. Chinin hat übrigens eine ähnlich aufmunternde Wirkung. Nun lassen Sie Ihre Verführungskünste spielen. Wenn Ihr Partner auch jetzt nicht darauf anspricht, sollten Sie die Beziehung sanft einschlafen lassen oder die unten stehende Trennungsstrategie wählen.

2. *Wach trennen*

Ein schweres Essen, eine Flasche Wein, ein wenig Kuscheln – und schon ist er eingeschlafen. Dass im Wein auch ein wenig Schlafmittel war, haben Sie ihm natürlich nicht verraten. Nun können Sie sicher sein, dass er garantiert bis zum Mittag des nächsten Tages in den Kissen ruht.

Packen Sie in aller Ruhe Ihre Sachen und erwarten Sie die Möbelpacker, die morgens um acht Uhr vor Ihrer Wohnungstür stehen. Frühstücken Sie ausgiebig mit ihnen. Stellen Sie dann alle zwanzig Wecker, die Sie Ihrem Partner während Ihrer Beziehung geschenkt haben, auf etwa drei Uhr am Nachmittag und gruppieren Sie sie um das Bett (oder um die Matratze, falls Sie ihm das Bett unter dem Hintern weg abgebaut haben). Zu dieser Zeit werden Sie längst über alle Berge sein. Kurz und gut: Sorgen Sie dafür, dass er Ihren Auszug verschläft. Und dann abrupt aufwacht – ohne Sie.

Geldmänner und Looser

Die einen schwimmen im Geld wie Dagobert Duck, die anderen verspielen es immer wieder oder glänzen dadurch, dass sie einfach nichts zustande bekommen und von beruflichen Erfolgen lediglich träumen.

Der Sektmann

Er lebt nach dem Motto »Geld spielt keine Rolex«. Da Sie sich Ihre Swatch mühsam vom Munde abgespart hatten, bevor Sie ihn kennen lernten, waren Sie zunächst stark von ihm beeindruckt. Champagnermänner trifft man nur gelegentlich im Job, wenn man einmal Akten in die schicke Etage ganz oben bringen darf. Wenn eine Frau selbst in dieser Etage zu Hause ist, hat sie einen Champagnermann allerdings meist nicht mehr nötig.

Weil Geld, Intelligenz und Bildung zusammen einen Mann besonders attraktiv machen, umschwirren ihn die Frauen wie Motten das Licht. Auch Sie waren von ihm angetan, obwohl er mehr als fünfzehn Jahre älter ist als Sie. Das ist doch nur zu verständlich. Wer die Wahl hat zwischen einer Dose matschiger Spaghetti Bolognese von Aldi und einem Fünf-Gänge-Menü ...

Ich weiß überhaupt nicht, was Sie an ihm auszusetzen haben. Ach, das ganze verlogene Getue und die vielen bornierten Leute um Sie herum gehen Ihnen auf die Nerven? Diese Leute schauen verächtlich auf die herab, die weniger haben? Das ist in diesen Kreisen so üblich, das meinen die nicht so, es gehört bei ihnen einfach zum guten Stil. Das ist nicht Ihr Stil?

Wenn Sie es nicht ertragen können, stundenlang darüber zu reden, wie man sein Geld vermehren kann oder sich mit den anderen Damen über unfähiges Hauspersonal auszutauschen sowie hämisch über Herrn und Frau »Pleite« abzulästern, die nun wegen Fehlspekulationen in einem nur 330 Quadratmeter kleinen Häuschen mit nur noch drei Sportwagen und zwei Garagen ihr Leben fristen und ihre Finca gegen eine Wohnmobil eintauschen müssen, dann gilt es, ihn auf den Boden der Tatsachen zurückzubringen oder den Weg von Babsi Becker zu gehen.

1. Bodenständig ändern

Machen Sie in der Hauptsaison mit ihm Urlaub in einem schönen Drei-Sterne-All-Inclusive-Club in der Türkei. Schenken Sie ihm die Tickets zum Geburtstag von Ihrem eigenen Geld. So etwas wird er nicht ablehnen! Außerdem könnte es ihn überzeugen, mal so richtig inkognito an der Poolbar sitzen zu dürfen. Die Menschen, die er dort trifft, werden ihm schnell zeigen, wo es im Leben langgeht und was selbiges für Durchschnittsverdiener parat hat. Durch die Kommunikation mit Menschen aus anderen Milieus kann er sein Wissen enorm erweitern, zum Beispiel wenn ihn der nette Karl am Tresen der Izmir-Bar fragt: »Hermann, sach ma, wat bist du denn von Beruf? Komm, ich gib dich ein' aus, du bis' ja auch nich' der Stärkste, un' auf ein Fuß kann man nich' stehn.« Das wird viel wirkungsvoller sein, als wenn Sie ihn mittels endloser Gespräche – bei denen er sowieso nur mit einem Ohr hinhört, weil er über seine Bilanzen nachdenkt – in den Ohren liegen.

In diese Ferien dürfen Sie auch ruhig Ihre Koffer aus dem Supermarkt-Angebot mitnehmen, ohne befürchten zu müssen, dass man Sie als wohlhabend entlarvt, weil noch viele andere dort zumindest eine Tasche dieser »Marke« besitzen. Außerdem wird Ihrem Liebsten die Reise Spaß machen, weil er dort kostengünstig Lederkleidung kaufen kann, für die auch er ungern den »Heimat«-Preis zahlt. Erzählen Sie ihm aber tunlichst nicht, was es mit den türkischen Labels auf sich hat. Er wäre nur enttäuscht.

Sie können auch so viel Geld ausgeben, dass er irgendwann selbst zur körperlich arbeitenden Bevölkerung gehören wird. Das wäre aber ein wenig ungeschickt, weil er dadurch nicht seinen Snobismus, sondern lediglich seine Attraktivität verlieren würde. Ein Ex-Millionär im Blaumann ist schließlich nichts anders als ein »Linke-Hände-Mann« (siehe Seite 43).

2. *Goldig trennen*

Wer sein Leben mit einem Goldesel geteilt hat und das nicht als unbeschwert erleben durfte, sollte sich nicht schämen, einige Dukaten für sich an die Seite zu schaffen. Wie hieß der Anwalt von Barbara Becker doch gleich?

Sollten Sie befürchten, von Ihrem Ex-Lover keinen müden Euro zu erhalten, müssen Sie lediglich dafür sorgen, dass er Ihnen eine Abfindung zahlt, wenn Sie nur endlich gehen. So ist es sicher hilfreich, einer kommunistischen Splittergruppe beizutreten und im Kreise erlauchter bis stinkreicher Menschen penetrant über die Ausbeutung des Menschen durch den Menschen zu referieren. Lassen Sie sich von Argumenten über das Risiko, das Unternehmer tragen, nicht beeindrucken. Reden Sie einfach soviel Quatsch, wie es nur geht. Erklären Sie, dass die Rote Armee Fraktion zwar ein bisschen extrem war, aber andererseits ... Ersetzen Sie die Labels an Ihren schicken Klamotten (die Sie bitte für eventuell kommende schlechte Zeiten aufheben) durch Hammer und Sichel oder ein nettes Anarcho-Zeichen. Singen Sie aber bitte nicht »Völker, hört die Signale!«, das kennt heute kaum noch jemand. Sie werden höchstens entmündigt.

Manche Frauen denken in ihrer Verzweiflung auch darüber nach, ob ihr Gefährte eine Lebensversicherung auf ihren Namen abgeschlossen hat und ob sie bei deren Fälligkeit nicht etwas nachhelfen sollten. Die Methode mit dem Föhn im Whirl- oder Swimmingpool ist übrigens strafbar, und auch wenn Sie sich einen Cowboy (siehe Seite 108) anlachen, der ein wenig an den Bremsen des Porsches herumspielt, könnte das vor Gericht als Mittäterschaft ausgelegt werden.

Der Seltersmann

Eine Frau muss einen Mann schon sehr zu lieben glauben, wenn sie akzeptieren kann, dass er keine müde Mark hat. Den Seltersmann erkennt man sofort an seinen abgelaufenen Schuhen, denn meist besitzt er nur zwei Paar: eines für den Sommer und eines für den Winter. Beide haben Löcher in den Sohlen.

Als Sie ihn kennen lernten, beeindruckte er Sie durch seine unkonventionelle Art. »Du bist eine tolle Frau. Was ich mit dir an meiner Seite alles erreichen kann! Ich werde demnächst eine eigene Firma haben. Ich habe ein ganz neues

Konzept, aber ich arbeite noch daran!« – »Meine Schöne, du erfährst es als Erste: Ich schreibe gerade an einer Oper!« – »Im Moment, Darling, bin ich etwas klamm. Aber bald lande ich den großen Coup an der Börse.« – »Wie gut, dass du mich kennen gelernt hast. Willst du nicht auch reich werden? Bald machen wir zusammen das große Geld! Dafür brauche ich nur 5000 Euro von dir. Die bekommst du garantiert in einem Monat wieder.«

An solchen oder ähnlichen Sprüchen erkennen Sie ihn, den Seltersmann. Was er auch anfasst, es geht schief. Eines jedoch beherrscht er perfekt: das Leben auf Kosten anderer. Was ihn in gewisser Hinsicht auszeichnet, ist seine Überzeugungskraft. Die Kraft jedoch, seine meist fantastischen Pläne umzusetzen, ist ihm genauso wenig zu Eigen wie das notwendige Kapital hierfür. Bevor er tätig wird, liegt er lieber auf dem Sofa und träumt davon, wie es wäre, endlich reich zu sein und nicht mehr arbeiten zu müssen. Wobei er Letzteres schon gut im Griff hat.

Ihr Konto ist leer und Sie lieben ihn immer noch? Sorgen Sie für eine Aufstockung Ihrer Finanzen. Ansonsten bleibt Ihnen nichts anderes übrig, als zu begreifen, dass man hin und wieder auch einmal Lehrgeld zahlen und sich trennen muss. Wenn Sie schon Ihr Geld verloren haben, so behalten Sie bitte wenigstens Ihre gute Laune.

1. Arbeitseifrig ändern

Sperren Sie all Ihre Konten. Schmeißen ihn von Ihrem Sofa und besorgen Sie ihm einen ordentlichen Job. Wenn er ein guter Hausmann ist und auch ansonsten seine Qualitäten hat, gilt es zu überlegen, ob ein Rollentausch nicht ratsam wäre. Halten Sie ihn mit der Erziehung Ihrer Kinder bzw. der Versorgung Ihres Hundes oder Ihrer Katze auf Trab und machen Sie selbst Karriere. Eine gut verdienende Frau sollte sich schließlich einen liebenswerten Hausmann gönnen, der seine Kreativität in Töpfer- oder Sprachkursen auslebt.

2. Brotlos trennen

Angeln Sie sich einen Sektmann (siehe Seite 141) und schon sind Ihre Probleme gelöst. Dieser wird zu verhindern wissen, dass Ihr Ex-Schnorrer ständig in der Villa auftaucht, insbesondere wenn Frau und Herr »von und zu reich geboren« zu Gast sind. Sie könnte er nämlich über die Mitleidsmasche anzupumpen versuchen. Ihr neuer Sektmann wird seinem Selterskollegen bestimmt einen Job besorgen, bei dem er wenig arbeiten muss, aber dennoch nicht schlecht verdient. Und Sie sind ihn endlich los.

Der Geizkragen

Er holt Sie – in eine Art Konfirmandenanzug gequetscht – an der Bushaltestelle ab. Dies ist der Treffpunkt, den Sie ausgemacht haben, weil seiner Meinung nach der Sprit zu teuer ist und man Autos nicht unnötig verschleißen sollte, damit sie länger halten. Er überreicht Ihnen einen Strauß roter Rosen aus den Grünanlagen und lädt Sie zu Currywurst mit Pommes frites und Dosenbier in seinem Stammimbiss ein, wo er mit Namen angesprochen wird und ihn jeder kennt. Er ist eben wer. Anschließend schenkt er Ihnen nach einem romantisch-verregneten eineinhalbstündigen Abendspaziergang zu Ihnen nach Hause einen Ring aus dem Kaugummiautomaten. Wie niedlich und originell er doch ist. Der hat es nicht nötig anzugeben. Der ist so, wie er ist. Geizig!

Und als er schon nach kurzem Zusammensein mit Ihnen darüber sprach, wie schön – weil billiger – es wäre, zusammenzuziehen, waren Sie glücklich, denn zuvor hatten Sie es eher mit bindungsängstlichen Männern zu tun gehabt. Ihnen fiel nicht sofort auf, dass er der Gattung der Hamster angehört, weil er immer so lustig und fröhlich war. Außerdem wollen Sie Menschen bzw. Männer nicht danach beurteilen, was sie auf dem Konto haben bzw. wie viel Geld sie ausgeben. Sie richten den Blick lieber nach innen, um den Wert eines Mannes zu beurteilen, dachten Sie? Das adelt Sie. Wenigstens für die kurze Zeit, bis Sie erkannt hatten, dass er definitiv knickerig ist.

Bei Papiertaschentüchern nimmt er sorgfältig die drei Lagen auseinander, bevor er sich die Nase putzt. Was er mit dem Toilettenpapier macht, wissen Sie besser als ich, deshalb wollen wir hier nicht indiskret werden. Oder steht im Bad eine Flasche Wasser? Sorgfältig studiert er die Sonderangebote in der vom Nachbarn geliehenen Tageszeitung, um dann für fünf Pfennig weniger beim Päckchen Butter durchs halbe Bundesland zu fahren. Wenn Sie im Winter die Heizung anstellen, bevor die Temperaturen unter 10 Grad minus sinken, schimpft er mit Ihnen.

Irgendwann beginnt er, sorgfältig und liebevoll seine Kondome auszuwaschen, um sie nochmals benutzen zu können (Kinder sind allerdings noch teurer als Kondome oder die Pille). Ihren Freundinnen erklärt er, dass er Ihnen großzügig – vom gemeinsamen Geld – eine schrottreife Karre geschenkt hat und auch sonst second-hand-mäßig für Ihre schicke Bekleidung sorgt. Sollten Sie angesichts dieser Verhaltensweisen langsam die Hasskappe aufsetzen, übertreffen Sie ihn in seinem billigen Lebensstil, um ihn zu ändern – oder trennen Sie sich von ihm.

1. Billig ändern

Lassen Sie sich lauter Nettigkeiten einfallen, mit denen Sie ihm zeigen, wie positiv Sie sich durch seine Anleitung verändert haben. Fragt er Sie zum Beispiel »Schatzi, wieso geht denn der Fernseher nicht? Gleich kommt doch die Sportschau«, so antworten Sie: »Herzchen, der Strom ist schon wieder teuer geworden, und da dachte ich mir, wir können ja auch lesen. Ich habe den Strom abbestellt. Im Altpapiercontainer habe ich noch eine schöne Sportzeitung für dich gefunden aus dem letzten Jahr!«

Stolz können Sie dann nach einiger Zeit Ihr Haushaltsbuch vorlegen und ihm zeigen, wie viel Sie eingespart haben. Denken Sie aber bitte daran, etwas für Ihre Änderungsbemühungen zur Seite zu schaffen. Sie können sich diesbezüglich an der Gebührenordnung für Therapeuten orientieren. Was Sie an Geld sparen, wenn Sie Ihren Liebsten selbst behandeln, reicht garantiert auch für eine würdige Trennung, sollte Ihre Therapie keine Früchte tragen.

2. Großzügig trennen

Vergessen Sie schnell alles, was er je gesagt hat, und gehen Sie großzügig shoppen: Kleidung, Hausrat-, Deko- oder Einrichtungsgegenstände, Reisen oder Haustiere – erlaubt ist, was Sie glücklich macht. Sie dürfen erst nach Hause gehen, wenn Sie unter der Last der Luxusartikel trotz der Hilfe Ihrer besten Freundin oder Mutter fast zusammenbrechen. Kurz und gut: Machen Sie ihn zum Abschied glücklich. Räumen Sie die Konten und berücksichtigen Sie dabei, auf was Sie in der Zeit des Beisammenseins alles verzichten mussten.

Warum ihn das glücklich machen soll? Er hat ein neues Ziel in seinem Leben, und dass er wieder schön sparen darf, wird ihn dafür entschädigen, dass Sie nun für einige Wochen unauffindbar entschwunden sind. Außerdem trennt es sich leichter von einer Frau, die man zu Recht hassen darf, als von einer, an der das Herz noch hängt.

Der Molkereisohn

Er ist arrogant, borniert, schrecklich eingebildet und Papis Liebling. Er fährt einen Porsche-Boxter, studiert trotz mittelmäßigen Abiturs an einer Super-Uni und bewohnt eine traumhaft schöne, große Wohnung im Haus seiner Eltern, durch die täglich eine Putzfee wirbelt.

Sein Papi ist ein toller Selfmademan. Was der alles erreicht hat in seinem Leben. Er musste zwar über ein paar Leichen gehen, aber eigentlich ist er ganz nett und seinen Sohn liebt er über alles. »Dem soll es an nichts fehlen«, hat er beschlossen, als er ihn zum ersten Mal in seinen Armen hielt.

In der Schule war der Kleine nicht so wach. Weil die Lehrer alle neidisch waren, hat Papi etwas springen lassen für die neue Turnhalle. Außerdem hatte er immer einen guten Draht zum Schuldezernenten. Schweren Herzens hat Papi seinen Sohn dann doch auf ein Internat gegeben, damit er dort den letzten Schliff bekommt. Derart kaserniert sollte er zum Beispiel lernen, mit Messer und Gabel zu essen, ohne dass das Fleisch zuvor in mundgerechte Stückchen geschnitten wurde.

Papi hat in seiner Familie das letzte Wort. Als Sie ihm vorgestellt wurden, erinnerte er Sie an eine Hauptfigur jener legendären amerikanischen Serie, die in Dallas spielt. Big Daddy fand Sie klasse und beschloss für sich, dass Sie die Frau für sein Bübchen werden sollten, weil Sie Mumm in den Knochen haben und nicht degeneriert sind wie der

Geldadel. Da der Junge irgendwie cool war, freute es Sie, dass seine Familie so nett zu Ihnen war und Sie mit offenen Armen aufnahm. Big Daddy hatte Ihnen bei einer Grillparty zwar augenzwinkernd erzählt, dass er zuvor ein paar Informationen über Sie und Ihre Familie (Erbkrankheiten, Schulden usw.) eingeholt hatte, aber das störte Sie nicht weiter, denn schließlich erzählte er Ihnen das offenherzig.

Und jetzt sind Sie liiert mit einem Typen, der vor Minderwertigkeitsgefühlen nur so strotzt, weil er niemals so toll sein kann wie sein Vater. Sie wohnen mit einem Schwiegervater unter einem Dach, der, wäre da nicht die Moral, nichts lieber tun würde, als Ihnen selbst ein Kind zu machen, und sind mit einer Schwiegermutter gestraft, die es an den Nerven hat und kaum einen grammatisch richtigen Satz zustande bringt. Das Leben ist manchmal hart.

Sich von einer solchen Familie zu trennen, ist skandalös und strapaziös. Doch was stört es den Mond, wenn die Hunde ihn anbellen (in diesem Fall: die Presse, die Nachbarn, die Bekannten, die Arbeitskollegen, das Hauspersonal, kurz: alle). Ein Änderungsprogramm wäre möglicherweise für alle Beteiligten hilfreicher als ein saloppes »Tschüss«.

1. Familienfeindlich ändern

Entziehen Sie ihn dem Einfluss und der Übermacht seines Vaters. Verschaffen Sie ihm einen Auslandsposten, wenn es sein muss auch in der portugiesischen Filiale der väterlichen Firma. Eventuell will ihn auch ein befreundeter Unternehmer, Patenonkel oder anderer unternehmerischer Verwandter einstellen, der Ihre Nöte versteht. Die Hauptsache ist, dass er so weit von seinem Elternhaus fort kommt wie möglich. Dies wird sich positiv auf sein Selbstwertgefühl und seine Potenz auswirken.

Sollte dies nicht helfen, stecken Sie ihm, dass sein Vater Sie beständig anmacht. Dies muss allerdings absolut glaubwürdig sein. Sagen Sie ihm, wie sehr Sie ihn lieben und bewundern, dass Sie aber unter diesen Umständen nicht wissen, ob Sie weiterhin mit ihm zusammen sein können. Schließlich wollten Sie ihn nicht vor die Entscheidung stellen: »Ich oder dein Vater.«

Daraufhin wird er allerdings genau diese Entscheidung fällen, und Sie haben gute Chancen, dass er Sie wählt. Sollte er sich wider Erwarten für seinen Vater entscheiden und beschließen, dass Sie ihm einen Bären aufgebunden haben, müssen Sie wenigstens nicht die folgende Strategie anwenden, um ihn loszuwerden.

2. Familienfreundlich trennen

Wenn der Alte nicht gar zu alt ist und Sie ihn wirklich bewundern, tauschen Sie ihn gegen sein geliebtes Weichei aus. Dies müssen Sie allerdings strategisch angehen. Zunächst ermuntern Sie Ihre Schwiegermutter herzlich zu hemmungslosem Alkohol- und Tablettenkonsum. Lassen Sie sie geisterhafte Stimmen hören, indem Sie einen Kassettenrekorder in Ihrem Schlafzimmer verstecken, den Sie mittels Fernbedienung bedienen können. Nachdem Sie sie tatkräftig in ihren Ängsten unterstützt haben, lassen Sie sie sich in einem vornehmen Sanatorium erholen. Nun schlägt Ihre Stunde: Verschaffen Sie dem Milchbubi eine schnuckelige, einfach strukturierte Freundin, ertappen Sie die beiden in flagranti und heulen Sie sich an Big Daddys starker Brust aus.

Sie hassen zu enge Familienstrukturen und möchten endlich wieder frei von jeglicher Beeinflussung sein? Dann hilft schlechtes Benehmen auf keinen Fall, weil man in guten Familien grundsätzlich zu seinen Angehörigen steht, wenn auch oft auf die fieseste Art. Solange Sie sich nach außen hin weitgehend ordentlich betragen, wird man Ihnen ein bis zwei Liebschaften jährlich mit Ihrem Tennislehrer, Masseur o.Ä. verzeihen. Selbst wenn Sie ein Kind von einem anderen Mann bekommen, nimmt man Sie wieder in die Arme der Familie auf – solange Sie niemandem außerhalb des Clans verraten, wer der wirkliche Vater ist.

Die Spendierhose

Er ging oft schick mit Ihnen essen, schickte Ihnen großartige Blumenbuketts, schenkte Ihnen die teuren Pralinen, die Sie sich ansonsten nur bei großem Kummer gönnen, einen Bestseller, den Sie einmal am Rande als sicher lesenswert erwähnt hatten und sogar ein paar wirklich geschmackvolle Dessous aus einem Geschäft, in das Sie sich auf Grund seiner Preisklasse nie gewagt hätten. Selbst als Ihr Auto wieder einmal murrte, zahlte er die Reparatur, ohne Dankeshymnen zu erwarten.

Nach einer Weile des anständigen Beisammenseins kam es zur ersten gemeinsamen Nacht, und am nächsten Morgen entdeckten Sie ihn zwar nicht mehr an Ihrer Seite, dafür aber ein Paar wertvolle Ohrringe auf Ihrem Nachtisch. Das kann man nun sehen, wie man will.

Irgendwann stellten Sie fest, dass dieses Herzchen nichts so sehr liebt wie Gesellschaft, möglichst von Leuten, die weniger haben als er, weil er bei ihnen richtig schön protzen kann. »Noch eine Lokalrunde für meine Freunde«, hört man ihn dann ein wenig wein- oder bierselig im Lokal rufen. Dem Kellner steckt er auch gern ein paar Scheinchen zu, »denn der Arme soll ja auch nicht leben wie ein Hund«. Weil er so großzügig ist, hat er auch mit den gültigen »Benimmregeln« wenig am Hut, denn wer zahlt, der hat das Sagen.

Daher würde sich auch eine Kellnerin nie darüber beklagen, wenn er sie »gutmütig-übermütig« auf den Allerwertesten haut, meint er. »Bei dem Trinkgeld, haha!«, ruft er dann fröhlich und klopft Ihnen auf die Schulter, wenn er einen kritischen Blick für sein Verhalten erntet. Hätten Sie ihn genau beobachtet, hätten Sie schnell erkannt, dass eine Spendierhose fast immer auch ein Grabscher ist.

Das haben Sie zunächst nicht festgestellt? Nur keine Scham! Ich bin mir sicher: Als er Sie kennen lernte, hat er clever den Grabscher schnell nach Hause geschickt und sich den Mantel des unbeschwerten, großzügigen und vor allen Dingen großherzigen Mannes angezogen, der die Grenzen anderer achtet.

Seine großkotzige Art geht Ihnen auf die Nerven? Sie möchten, dass er wirklich weiß, wie es in Ihnen aussieht? Oder wollen Sie ihn nicht einmal mehr aus der Ferne sehen? In beiden Fällen sollten Sie weiterlesen.

1. Mit beiden Händen ändern

Einen überaus großzügigen Mann sollten Sie nicht unbedingt zum Geizkragen machen. Vermitteln Sie ihm aber, dass ein richtiger Mann sein Selbstbewusstsein nicht darüber beziehen muss, eine Lokalrunde nach der anderen zu schmeißen und Kellnerinnen auf den Po zu hauen. Da gibt es schließlich viel sozialere Dinge.

Stellen Sie ihm all Ihre Freundinnen vor, die angesichts Ihres kümmerlichen Kontostandes regelmäßig in Tränen ausbrechen. Sorgen Sie dafür, dass Sie in deren Begleitung richtig nett mit seinem Geld shoppen und anschließend im

Edellokal schlemmen gehen können, bis Sie aus allen Nähten platzen. Außerdem können Sie ihm begreiflich machen, dass Spenden für wirklich Not leidende Menschen steuerlich absetzbar sind und edle Spender in der Lokalpresse lobend erwähnt werden. So ist ihm die Anerkennung, nach der er sich so sehr sehnt, endlich sicher.

2. *Sparsam trennen*

Sind Sie mit einer Spendierhose zusammen, seien Sie clever und legen Sie sich für schlechte Zeiten frühzeitig ein Extra-Sparbuch und ein paar Aktien zu. Selbstverständlich sollten Sie die Unterlagen darüber diskret bei einer Freundin oder Ihren Eltern deponieren. Geld zur Seite zu schaffen ist mit ein wenig Fantasie recht simpel. Möglicherweise können Sie auch eine seiner Immobilien in Absprache mit Ihrem Goldesel-Mann aus steuerlichen Gründen auf Ihren Namen überschreiben lassen. Und denken Sie daran: Kleinvieh macht auch Mist. Lassen Sie sich eine Weltreise schenken, die Sie dann heimlich stornieren und durch einen preiswerten Campingurlaub eintauschen. Verhökern Sie den wertvollen Schmuck und ersetzen Sie ihn durch Blender.

Wenn Sie sich reichlich aus seinem Vermögen bedient haben, »buchen« Sie einen abgerissenen Typen von der Straße. Zur Not tut es auch ein Schauspieler, der sich in die schlechtesten Klamotten schmeißt und den »Armut-ist-geil-Trip« drauf hat. Er begleitet Sie als Ihr neuer bester Freund auf die nächste Party Ihrer Spendierhose. Flirten Sie dort ausgiebig mit Ihrem Armuts-Freak. Verschenken Sie außerdem Ihren Schmuck (die Imitate natürlich) an bedürftig aussehende Angehörige des Servicepersonals, nicht ohne dabei lautstark zu verkünden: »Geld ist Ballast und macht krank.«

Hinter vorgehaltener Hand dürfen Sie unter den Gästen dann noch ein paar Geschichten darüber verbreiten, wie krank der Reichtum Ihren Partner schon gemacht hat. Sie können sicher sein: Am nächsten Tag sind Sie geschiedene Leute.

Der Beste-Freund-Mann

»Tausendmal berührt und tausendmal ist nichts passiert«, das könnte auf den besten Freund Ihres Mannes, auf den Sie plötzlich zum eigenen Erschrecken ein Auge geworfen haben, genauso zutreffen wie auf Ihren besten Freund. Eigentlich bietet er Ihnen genauso viel und vielleicht sogar mehr als Ihre beste Freundin. Sie können alles, wirklich alles mit ihm bereden, er ist einfühlsam, sensibel, klug, liebevoll und auf eine nicht sexuelle Art und Weise zärtlich.

Sie schätzen ihn nicht nur, weil Sie mit ihm über Ihre Gefühle reden können wie mit keinem anderen, sondern auch, weil er ein hervorragender Partner für den manchmal doch so entspannenden Small Talk ist. Kleiderfragen, Küchenrezepte, Buchbesprechungen, Liebesfilme – nichts ist ihm fremd, und an allem hat er genauso viel Spaß wie Sie.

Er sieht die Menschen so wie Sie, kann herrlich mit Ihnen lästern, ja geradezu kichern, und über »Vom Winde verweht« und »Jenseits von Afrika« mit Ihnen, einer Großpackung Taschentücher und dem Teddybären im Arm glücklich und tief bewegt die Tränen kullern lassen. Er ist sehr gepflegt, hat zarte Gesichtszüge und zudem einen wirklich schönen Körper.

Der Frau, die ihn nicht hat, läuft bei seiner Beschreibung das Wasser im Mund zusammen. Und die, die ihn hat, seufzt sehnsuchtsvoll, denn sie hat bei einem netten, freundschaftlichen Kuschelstündchen auf dem Sofa und einer schwesterlich-brüderlich geteilten Packung Pralinen undefinierbare Emotionen entwickelt, die sich in ihrem Herzen und ihrem gesamten Körper ausbreiteten und klangen wie: »Küss mich doch, oh küss mich doch!«

Das gemeinsame Duschen nach dem Film war wunderschön. Schön neutral! Das Kuscheln, weil er nach so viel Wein nicht mehr nach Hause fahren konnte, war auch wunderschön. Er hielt Sie im Arm und erzählte Ihnen ein Märchen aus Tausendundeiner Nacht. Schön, dass nichts passiert ist. Er ist eben ein echter Freund. Ein sensibler Mann, der Frauen nicht einfach benutzt, einer, der erst eine richtige Beziehung aufbauen muss, um ....

Leider ist er ein Mann, der Sie nicht will. Das mussten Sie nach vielen Mühen erkennen. Dies liegt aber nicht an Ihnen. Machen Sie sich da keine unnötigen Gedanken. Ihre Figur ist top und ansonsten sind Sie auch eine klasse Frau. Ehrlich! Er ist einfach einer von den treuen Männern, und zur Zeit liebt er eben Peter.

Zunächst war er Ihr Freund, dann wollten Sie mehr von ihm und schließlich haben Sie erkannt, dass er schwul ist. Sie wollen ihn ändern. Das haben schon etliche Frauen vor Ihnen versucht, nicht nur bei ihm, auch bei anderen homosexuellen Männern, allerdings mit mehr oder weniger Erfolg. Wenn Sie mit dem Satz »Ein bisschen bi ist auch nicht ih« leben können und der Ansicht sind, dass er auch ein wenig auf Ihren Freund zutrifft, nur zu: Ändern Sie ihn. Vielleicht ist er ja nicht ganz so »homogen«, wie Sie glauben. Sich von ihm zu trennen ist nur insoweit nötig, wie Sie ohne seine Liebe nicht leben und sich mit seiner Freundschaft allein nicht zufrieden geben können.

1. Mit Marianne ändern

»Er gehört zu mir« – wenn Sie ihm dieses Lied von Marianne Rosenberg oft genug vorspielen, mag es sein, dass er irgendwann weiß, wo das Häschen läuft. Vergessen Sie bei all Ihren Aktionen aber nicht, dass es nicht vordergründig darum geht, ihn zum Knutschen zu bringen, sondern darum, dass er erkennt, was Sie zwei wirklich miteinander verbindet. Kann ihm ein Mann wirklich das bieten, was Sie ihm geben? Sicher wird er in einer guten Freundschaft genauso an Ihnen hängen wie Sie an ihm. Das gilt es begreiflich zu machen – und dann muss »nur noch« der Funke überspringen. Unterhalten Sie sich, um noch mehr über ihn zu erfahren, mit seinem Freund, denn in der Liebe sind bisweilen alle Waffen erlaubt. Verlieben Sie sich aber nicht auch noch in ihn.

2. Mit Küsschen trennen

Gehen wir einmal davon aus, dass Sie ihn lieben und wirklich gern haben, aber es nicht ertragen können, ihn an der Seite seines Freundes zu sehen und zudem nicht mit dem Gedanken leben können, ihn niemals herumzukriegen. Dann muss er, zumindest kurzfristig, aus Ihrem Leben verschwinden, damit Sie nicht vor Leid vergehen. Sollten Sie ihm erzählen, was Sie für ihn empfinden, wird er zwar geschmeichelt, aber dennoch pikiert freiwillig Abstand zu Ihnen halten. Reicht das nicht, müssen Sie ihn schon mit einem leidenschaftlichen Zungenkuss vertreiben. Sobald sich die Verliebtheit gelegt hat, die sich bei vernünftigen Frauen in hoffnungslosen Fällen meist nach einer gewissen Zeit der Wut und Trauer verliert, können Sie ihm ruhig erzählen, dass Sie ihn in Gedanken mit jemandem verwechselt haben. Wenn er wirklich Ihr Freund ist, wird er Ihnen das gern glauben. Und alles ist wieder beim Alten.

Der Blender

Auf den ersten Blick glaubt man, einen Champagnermann vor sich zu haben. Die Rolex an seinem Handgelenk ist genauso ein Erkennungszeichen für ihn wie seine Armani-Anzüge und der Porsche-Cabriolet. Nur leider herrscht in seinem Portemonnaie gähnende Lehre.

Die Rolex ist gefälscht, die Anzüge secondhand gekauft, der Porsche gehört der Bank und das schicke Penthaus, in dem Sie ihn mehrfach besucht haben, besitzt sein Freund, der für längere Zeit beruflich im Ausland weilt. Die Eltern Ihres Auserwählten heißen angeblich »von und zu« und befinden sich mit ihrer Jacht auf einer Weltreise. Die Jacht ist, Sie können es sich schon denken, ein Schlauchboot, und die Erzeuger Ihres Lieblings paddeln darin allenfalls in der Nordsee.

Immer wenn er eine Frau zum Essen einlädt, kann er leider nicht bezahlen, weil er seine Geldbörse zu Hause vergessen hat oder nur einen Aktienbrief in der Tasche hat, den er sich heute »nebenbei« zugelegt hat.

Was sollen Sie mit so einem Mann nur anfangen? Sie können sich nun einreden, dass er andere Menschen nur deshalb blendet, weil er ein mickriges Selbstbewusstsein hat. Besonders Frauen belügt er nur deshalb, weil er gar nicht anders kann. Sollten Sie jedoch irgendwann von Ihren Vermietern angerufen werden, die Sie fragen, warum Sie seit drei Monaten keine Miete überwiesen haben, sollte Ihr Strom abgestellt werden und Sie wegen unbezahlter Rechnungen nicht mehr telefonieren können, so sollten Sie überprüfen, ob Ihr Schatzi nicht zu seinem persönlichen Nutzen in Ihre Finanzen eingegriffen hat. Selbstverständlich hat er das Geld Gewinn bringend fest für Sie angelegt – auf seinen Namen, versteht sich.

Bevor er Sie komplett pleite gehen lässt und sich dann eine andere Geldgeberin zulegt, haben Sie die Möglichkeit, ändern Sie ihn lieber von Grund auf oder vertreiben Sie ihn aus Ihrem Leben.

1. Sparsam ändern

Lassen Sie es nicht soweit kommen, dass Sie Ihren Liebling nur noch einmal im Monat in der Justizvollzugsanstalt besuchen dürfen. Ändern Sie ihn.

Halten Sie ihm einen Spiegel vor. Eröffnen Sie ihm die freudige Nachricht, Sie hätten wahnsinnig viel geerbt, weil Sie – ohne es selbst gewusst zu haben – die uneheliche Tochter des eben verstorbenen Stars oder Unternehmers XY sind. Legen Sie ihm eine Urkunde Ihres eben erworbenen Großgrundbesitzes vor. Kleiner Tipp: Grundstücke in der Wüste sind preiswert zu haben. In seiner Begeisterung wird er darauf gewiss hereinfallen. Erklären Sie ihm verzweifelt, dass Sie dringend jemanden suchen, der auf Ihren Gütern die Angelegenheiten für Sie regelt. Großzügig, wie er nun mal ist, wird er sich sofort dazu bereit erklären, Sie zu unterstützen und Ihre Besitztümer zu besuchen.

Arrangieren Sie seinen »Arbeitsurlaub« so, dass er mindestens drei Wochen lang in der Einöde verbringen muss, bevor ihn jemand dort wieder abholt. Dieses Abenteuer müsste ihn kurieren und ihm bewusst machen, wie man sich fühlt, wenn man so hinters Licht geführt wird. Derart weichgekocht dürfte es nun ausreichen, wenn Sie sein Selbstbewusstsein ein wenig fördern und ihm begreiflich machen, dass man nur auf das stolz sein sollte, was man auch wirklich geleistet hat.

2. »See«-lig trennen

Drehen Sie ihm den Geldhahn ab und er wird sich schneller davon machen, als Sie glauben. Zuvor jedoch sollten Sie zusehen, dass Sie sich das wiederholen, was Ihnen gehört. Verkaufen Sie den Porsche, machen Sie die Habseligkeiten wieder zu Geld, die er sich von Ihren Ersparnissen geleistet hat (und noch ein paar mehr wegen der Zinsen).

Wenn das nicht helfen sollte, weil er Sie immer noch für geistig minderbemittelt hält, machen Sie mit ihm einen netten Ausflug ans Meer. Spielen Sie Seejungfrau, indem Sie, kurz bevor er sich im Schlauchboot seiner Eltern aufs Meer hinaus begibt, ein kleines Loch in dessen Boden stechen. Er konnte sich schließlich zuvor auch immer über Wasser halten. Doch diesmal tut er es ohne Sie.

Winken Sie ihm kurz vor dem Untergang seiner Titanic von der Jacht eines Geldmannes, von denen es zum Beispiel auf Sylt nicht wenige gibt, fröhlich zu. Schiff ahoi und Seemannsheil.

Der bescheidene Titelträger

Der typische »Herr Doktor« tritt in zwei Varianten auf: Entweder ist er eine gesundheitsbewusste, sportlich durchtrainierte und sehnige Art Fox Terrier mit krokodiligem Polohemd, Designerjeans und Jackett. Oder er ist ein Genießer und als solcher eher stabil. Seinen kleinen Bauch hält er diskret unter einer schmückenden Weste verborgen. Um den Hals trägt der Genießerdoktor für besondere Veranstaltungen, zum Beispiel bei der ersten Verabredung, eine bunte Fliege, die seinen Ansatz zum Doppelkinn kaschieren soll.

Wenn man ihn fragt, was er beruflich macht, antwortet er sehr ernst, mit einem kaum wahrzunehmenden Augenzwinkern, weil er den Blick bescheiden nach unten richtet: »Ich bin Rechtsanwaltsgehilfe«, wenn er in Wirklichkeit Anwalt ist, oder »Ich bin Krankenpfleger«, wenn er beruflich Pillen verordnet oder an Leuten herum schneidet.

Auf seiner Visitenkarte, die er Ihnen bei der ersten Verabredung reicht, steht anstelle eines Titels bescheiden: »Aut Caesar aut nihil« (Alles oder nichts). Er ist ein guter Gesprächspartner und ein hervorragender Analytiker. Dies macht eine Unterhaltung mit ihm spannend und abwechslungsreich – wenn man Latein kann, denn er würzt seine Sätze gern mit alten römischen Weisheiten. Außerdem sollte man grundsätzlich lieber zuhören, als selbst zu Wort kommen zu wollen. Öffnet er seine tägliche Flasche Wein, singt er beim Dekantieren fröhlich »In vino veritas«, schließlich trinkt er keinen Fusel, sondern einen edlen Tropfen.

Latein hin, Doktortitel her, letztendlich kokettiert er mit seiner Bildung, weil er sich tief im Herzen klein und unbedeutend fühlt. Er kann immer noch nicht glauben, dass er geschafft hat, was sich seine Familie so sehr für ihn wünschte bzw. von ihm erwartete. Denn seine Eltern haben niemals wirklich an ihn geglaubt und ihm bei einer Zwei minus für eine Klassenarbeit gleich mit dem Kommentar »Aus dir wird nie was!« das Taschengeld gestrichen. Noch heute leidet er darunter, dass er mit seinen kurzen dicken Fingern auf dem Klavier herumhämmern und bei gesellschaftlichen Verpflichtungen im Haus seiner Eltern Sonatinen vortragen musste.

Mehr als einmal hätte er seine Eltern am liebsten auf den Mond geschickt und sich wie die anderen Jungen aus seiner

Klasse mit Dosenbier und Zigaretten bewaffnet mit Mädchen herumgetrieben. Weil ihm das nie erlaubt war, ist er im Umgang mit Frauen heute noch ein wenig ungeschickt. Obwohl er doch so wohlerzogen ist, gebraucht er Ihnen gegenüber häufig seinen liebsten Ausspruch, »Errare humanum est« (Irren ist menschlich), und zwar meist nachdem er Sie wider Erwarten doch einen Satz hat zu Ende führen lassen.

Sie sind mit Ihrer durchschnittlichen Bildung durchaus zufrieden und haben keine Lust darauf, sich mit toten Sprachen auseinander zu setzen? Sie wünschen sich nichts mehr, als sich einmal ganz normal mit ihm unterhalten zu können? Wenn Sie die Geister, die Sie riefen, nicht mehr loswerden, müssen Sie schon ein wenig zaubern.

1. Humanistisch ändern

Bildungs-Blenderbücher gibt es wie Sand am Meer. Legen Sie sich ein bis zwei davon zu, lernen Sie die wesentlichen Sprüche auswendig, protzen Sie mit Ihrer neuen Bildung, was das Zeug hält, und halten Sie ihm damit einen Spiegel vor. Vergessen Sie nur bitte nicht, die Bedeutungen der lateinischen und griechischen Redensarten und Fremdwörter mit zu lernen.

Finden Sie heraus, in welchem Wissensgebiet Ihr Darling besonders gut blendet, weil er darin besonders wenig Ahnung hat. Zu diesem Thema kaufen Sie sich die neueste Fachliteratur. Wenn er also das nächste Mal zum Beispiel behauptet, bei »Jurte« handele es sich um eine besonders belastbare Form der Jute, sagen Sie nur: »Nein, mein Schatz, um die runde Filzhütte mittelasiatischer Nomaden.« Mehr nicht. Halten Sie ihm keinen Vortrag, auch wenn es Sie noch so reizt. Denn hier liegt in der Kürze erst die richtige Würze. »Errare masculinum est!« Erst wenn er diesen Satz verinnerlicht hat, können Sie auf eine Veränderung hoffen, denn Einsicht ist der erste Weg zur Besserung.

2. *Mit Cäsar und Fontane trennen*

»Aut Caesar aut nihil – und tschüss!« Mit diesen Worten packen Sie ihm seine Koffer. Wenn er sich weigert, aus Ihrem Leben zu verschwinden, und sich erst einmal nachdenklich eine Flasche Wein öffnet, fahren Sie härtere Geschütze auf. Erklären Sie ihm in einfachen Worten, dass Sie – und jetzt aufgepasst – wegen Ihrer Exanthropie (Menschenscheu) ein Exanthem (entzündlicher Hautausschlag) entwickelt hätten, das ansteckend sei. Dieser Ihr marantischer Zustand (einer, in dem Ihnen die Kräfte schwinden) habe dazu geführt, dass Ihre Beziehung zu ihm irreduktibel (nicht wiederherstellbar) geworden sei und Sie aufgrund Ihres Gesundheitszustandes bereits Ihren letzten Willen in einem Mikrat (stark verkleinerte Wiedergabe eines Schriftstücks) verewigt hätten. Wenn Sie es allerdings ohne viele Schnörkel sagen wollen, dürfte die Formulierung »Ich habe die Schnauze voll von dir! Hau endlich ab!« genügen.

Da er sehr auf seine Würde bedacht ist, wird er nun begreifen, dass Sie einfach keinen Stil haben und sich mit einer höflichen Verbeugung verabschieden.

Nervtöter und Vergangenheitsfetischisten

Man sollte es nicht glauben, aber es gibt Männer, die partout in keine Schublade passen. Dies liegt weniger daran, dass sie so vielseitig wären, ihre Marotten sind nur sehr speziell.

Der 68er-Revolutionsträumer

Ihn erkennt man weniger an seinem Äußeren. Sollte man noch nicht die rosarote Brille der Verliebtheit abgelegt haben, durchschaut man ihn spätestens beim ersten Besuch in seinem Domizil. Es kann sein, dass er immer noch in einer Wohngemeinschafts-Villa lebt. Am Jahrzehnte alten Kühlschrank klebt ein Arbeitsplan für Spüldienst und Badreinigung. Eine Mitbewohnerin ist aus Überzeugung alleinerziehend, obwohl Sie sich fragen, ob ihr Sprössling jemals einen Funken Erziehung genossen hat. Dann gibt es da ein Therapeuten-Ehepaar, das gerade in der Toscana einen Töpfer- oder Urschreikurs belegt, und einen Freund, der eben von einem politischen Seminar auf Kuba zurückgekehrt ist. Der Revolutionsträumer wird zumindest ein Poster von Che Guevera an der Wand hängen haben sowie eine Plattensammlung mit zahlreichen Scheiben von Bob Dylan besitzen.

Kurz bevor er glücklich auf seiner etwas angegammelten Matratze, die selbstverständlich auf dem Boden liegt, mit Ihnen kuschelt, beginnt er zu seufzen: »Die Zeiten waren auch schon einmal bessere. Ob sich die Liebe bei der Umweltverschmutzung noch lohnt?« In seiner Nachtischschublade versteckt liegt verschämt seine Gutenacht-Lektüre, in der er liest, wenn er Kummer hat: *Das Kapital* von Karl Marx. Früher propagierte er: »Wer zweimal mit derselben pennt, gehört schon zum Establishment«, heute unterrichtet er an der Gesamtschule Biologie und Religion.

Bestimmte Dinge im Zusammensein mit ihm irritieren Sie: Am Wochenende entführt er Sie zum »romantischen« Picknick auf die Wiese direkt neben dem Atomkraftwerk. Und bittet Sie, Ihr Brötchen doch mit der linken Hand zu halten, damit Sie die rechte für ein Transparent mit der Aufschrift »AKW nee!« frei haben. Ständig jammert er Ihnen die Ohren über die guten alten Zeiten in der APO voll. Dabei kommen Sie sich vor wie bei Ihren Eltern und wissen entweder gar nicht oder nur zu gut, wovon er redet. (Ein solcher Mann sucht sich meist jüngere Frauen, weil er die gleichaltrigen nicht mehr beeindrucken kann.)

Damit die Nerverei ein Ende hat, versetzen Sie Ihren Liebling mittels weiblicher Zeitmaschine in die Gegenwart oder lassen Sie sich in die Zukunft beamen.

1. Wer zweimal mit demselben ... und ändern

Lassen Sie sich von ihm in flagranti mit einem anderen Mann erwischen. Sollte er Ihnen daraufhin Vorwürfe machen, drücken Sie ihm seinen eigenen dummen Spruch rein: Wer zweimal mit demselben ... Möglicherweise überlegt er sich, dass es doch seine Vorteile haben könnte, ein wenig spießig zu sein, und besinnt sich auf den Wert einer monogamen Beziehung.

Wenn er erst einmal zur Ruhe gekommen ist, wird er definitiv nicht mehr mit Ihnen mithalten können. Suchen Sie ihm frühzeitig einen netten Platz in einem progressiven Altersheim, bevor Sie sich seine Rente sichern.

2. Demonstrativ trennen

Wenn man etwas im Leben durchsetzen will, darf man sich nicht davon abbringen lassen. Sollten Sie von einer Demonstration erfahren, bei der gewalttätige Tumulte zwischen Demonstranten und der Polizei zu erwarten sind, so erklären Sie Ihrem Liebsten, dass Sie seine Interessen endlich aktiv teilen möchten. Werfen Sie einem Ordnungshüter einen harten Kaugummi oder ein Stückchen Balserholz in den Rücken und weisen Sie, wenn dieser sich erbost umschaut, mit dem ausgestreckten Zeigefinger auf Ihren Lebensabschnittsgefährten. Dies ist nicht besonders nett, aber wirkungsvoll, weil er garantiert für ein bis zwei Tage von der Bildfläche verschwinden wird. Noch gemeiner wäre es von Ihnen, wenn Sie ihn im Gefängnis nicht besuchen. Und um so durchschlagender.

Sie können ihm auch einen liebevollen Brief in den Knast schicken. Sagen Sie es mit den Worten von Stephanie Werger: »Was gibt es Schöneres, als mit einem jungen Mann und einem alten Rotwein gemeinsam die Schwelle des gehobenen Niveaus zu verlassen.« Setzen Sie ein PS darunter: »Euer neuer Referendar ist echt nett!«

Der Althippie

»Schönes Haar ist dir gegeben, lass es kleben«, dieser abgewandelte Werbespruch scheint sein Motto zu sein. Er legt die Schallplatte aus dem Musical »Hair« täglich auf (CDs lehnt er generell ab) und pflegt sein Haupthaar (oder das, was noch davon übrig ist) nicht nur musikalisch, sondern auch praktisch, indem er es wallen und wachsen lässt, um das, was oben nicht ist, nach unten hin zu kompensieren.

Woodstock, wer hätte das nicht gern miterlebt, meint er. Ganz klar, denken Sie jetzt: die Leute, die nicht unter Drogen standen und sich nach gutem Wetter, einer ordentlichen Unterkunft und einer vernünftigen Toilette sehnten. Doch es gibt Menschen bzw. Männer, die das vergessen haben. So auch er.

Ihr Guildo-Horn-Superstar hat Sie beeindruckt, als er im taillierten Blümchenhemd und einer Hose mit weitem Schlag für sein Alter top-modisch auf der Fete Ihrer besten Freundin erschien. »Echt cool, der Oldie, und dass der auch noch Shit raucht, echt geil«, dachten Sie, bevor Sie sich den Opa »griffen« (bei Männern in den Wechseljahren braucht man sich meist nichts darauf einzubilden, auch wenn sie noch so sehr auf cool und uninteressiert machen). Dass er konditionsmäßig doch nicht so mithalten konnte, merkten Sie erst, als er nach mehreren Tagen Loveparade in der Horizontalen jämmerlich »We shall overcome« säuselte.

Er lebt selbstverständlich in einer Wohngemeinschaft, in der das Bad und die Küche nach einem – von ihm und den anderen Männern der WG übrigens nie eingehaltenen – Wochenplan geputzt werden.

1. Geduldig ändern

Mal ehrlich, wie wollen Sie einen Menschen ändern, der sich einfach nicht ändern möchte? Denn er signalisiert ja ganz deutlich, dass er so bleiben will, wie er ist. Wenn Sie aber trotzdem die Hoffnung noch nicht aufgegeben haben, aus ihm einen ansehnlichen Menschen zu machen, greifen Sie zu radikalen Mitteln. Kaufen Sie zunächst einen Rasierapparat mit Langhaarschneider. Mischen Sie Ihrem Liebling dann eine zerkleinerte Schlaftablette ins Abendessen. Wenn er selig schläft, gehen Sie ans Werk: Da sich nicht mehr besonders viele Haare auf seinem Kopf tummeln, haben Sie auch nicht viel Arbeit, wenn Sie ihn von diesen letzten Resten befreien. Machen Sie sein Haupt zu einem hocherotischen Charakterkopf: Rasieren Sie ihm eine Glatze. Wenn er aufwacht, wird er toben.

Versichern Sie ihm nun, dass Sie eine ganze Kolonie von Läusen auf seinem Kopf entdeckt und ihn lieber gleich rasiert und die Haare vernichtet hätten. Es habe sich um einen reinen Akt des Mitgefühls und der Notwehr gehandelt. Warten Sie ein bis zwei Tage, bis sein erster Ärger verflogen ist. Streichen Sie ihm dann bei jeder sich bietenden Gelegenheit über den Kopf und flüstern ihm ins Ohr: »Liebling, deine neue Frisur macht mich so an!« Erzählen Sie ihm, wie positiv Ihre Freundinnen seine äußere Veränderung kommentiert hätten und dass Sie langsam eifersüchtig würden.

Sie werden sehen: Schon nach wenigen Wochen wird er Freunden gegenüber behaupten, die neue Frisur sei seine Idee gewesen.

2. Jung und dynamisch trennen

Möglicherweise versteht Ihr Partner schon den Songtext »Freedom 's just another word for nothing left to loose« als Aufforderung zum Abschied. Vermutlich wird er sich aber lediglich über Ihr Interesse an seiner Vergangenheit freuen und die alte, zerkratzte Schallplatte von Janis Joplin eifrig aus dem Ikea-Regal suchen. Oder er wird zum hundertsten Mal die Videokassette von Woodstock in den Recorder schieben.

Rücken Sie den Rillen seiner unersetzlichen – und für Sie entsetzlichen – Plattensammlung mit einem Nagel zu Leibe, verbiegen Sie die Nadel seines Plattenspielers und schreiben Sie auf seine Anti-AKW-Poster in großen Buchstaben »Kernkraft – die saubere Alternative«. Schmücken Sie den wertvollen Che mit einer selbstgemalten Brille. All dies könnte Ihren Schatz schon so kränken, dass er feststellt: Sie haben überhaupt kein Verständnis für ihn. Dann wird er sein Dasein doch lieber mit Gleichgesinnten teilen wollen.

Die andere Möglichkeit besteht darin, ihm klarzumachen, dass Sie im Grunde Ihres Herzens ein Yuppie und deshalb vollkommen ungeeignet für eine Partnerschaft mit ihm sind. Kleiden Sie sich nur noch absolut modisch, leihen Sie sich ein Cabriolet, mit dem Sie Ihren Noch-Liebsten zum Abendessen abholen. Führen Sie ihn in ein absolutes Szene-Lokal aus und stellen Sie ihm die Hälfte der dort massenhaft Versammelten als Ihre besten Freunde vor. Lassen Sie sich nicht zu kurz über die Entwicklung der Börsenkurse aus und fragen Sie ihn dann unverwandt: »Worin hast du eigentlich am meisten investiert?« Wenn er immer noch nicht versteht, dass er möglichst schnell das Weite suchen sollte, wünschen Sie sich von ihm einen Urlaub auf Sylt und ein paar Anlagepapiere zum Geburtstag.

Die sensible Tränenvase

Sensible, empfindsame Männer erkennt man meist schon von weitem. Ihrer ist wahrscheinlich wie die meisten Sensibelchen: groß und schlank, er hat blonde, halblange Locken, wasserblaue Augen mit unsichtbaren Wimpern, eine blasse durchscheinende Haut und auf seiner spitzen Nase tummeln sich einige wenige Sommersprossen. Und: Sobald er Sie sieht, bricht er in Tränen aus.

Am Anfang waren es Freudentränen, weil Sie ihn in den Arm nahmen, ihm ein Küsschen auf die Stirn drückten und über den Rücken strichen, kurz darauf, das heißt Tage später, waren es Tränen der Rührung, als Sie sich nach der ersten gemeinsamen Nacht an seine rotblond behaarte magere Brust kuschelten. Schließlich waren es Tränen der Wut, weil Sie einmal böse zu ihm waren: Sie wollten nicht denselben Kinofilm ansehen wie er. Dazu kamen Tränen der Enttäuschung, weil Sie einmal oder zweimal vergessen hatten, ihn anzurufen, eine Verabredung absagen mussten (wollten), und last but not least gab es dann die Tränen der Verzweiflung, als Sie ihm sagten, dass Ihnen das ständige Geheule auf den Geist ginge.

Männliche Heulsusen sind aber nicht nur dünnhäutig, hochempfindlich und schnell erregbar, bekommen rote Flecken am Hals und ähnliches, sie sind auch äußerst anfällig und lassen wie eine Trauerweide ständig den Kopf hängen. Für sie ist das Glas nie halb voll, sondern immer halb leer. Meist haben sie massive Rückenprobleme, eine Neigung zu Migräne und Magengeschwüren. Bei Erkältungskrankheiten sind Sie mehr als alle anderen Männer dem Tode geweiht, und das, obwohl Sie doch über einen schier unerschöpflichen Vorrat an Papiertaschentüchern verfügen.

Sollten Sie nicht die Einstellung haben, dass Sie keinen starken Mann brauchen, weil Sie selbst stark genug sind, so ist das Ganze ja nicht so schlimm und Sie müssen sich nur ein wenig Mühe geben, um ihn hin und wieder aufzumuntern. Zieht ein solcher Mann Sie allerdings herunter, weil Sie selbst nahe am Wasser gebaut haben, oder macht er Sie so aggressiv, dass Sie nichts lieber tun, als ihn zu quälen, ist es besser, auf seiner Tränenflut fortzuschwimmen, bevor er darin absichtlich ertrinkt.

1. *Lustig ändern*

Schenken Sie ihm jedes Mal, wenn er lacht, etwas, das ihn fröhlich macht. Seien Sie nur auf der Hut, dass die Geschenke ihn nicht zu Tränen rühren. Für jedes Gejaule verpflichten Sie ihn, fünf Euro ins Sparschwein zu stecken. Wenn ihn der Wachstum seines Geldes nicht glücklich macht, hat er zumindest einen Grund zur Trauer, sollten Sie sich mit seinem Geld aus dem Staub machen.

Nützlich dürfte es auch sein, in einem gemeinsamen Brainstorming viele nette Kosenamen für Ihren Liebling zu suchen, wie Weichei, Mimose, Heulsuse, Schwächling oder Jammerlappen. Anschließend dürfen Sie durchaus auch gemeinsam Attribute sammeln, die auf Sie zutreffen wie Amazone, Stimmungskanone oder Sonnenschein. Flüstern Sie sie ihm dann mit einem liebevollen Lächeln ins Ohr, dass Sie Einsicht für den ersten Weg zur Besserung halten. Schluchz.

2. *Liebevoll trennen*

Schenken Sie Ihrem Noch-Partner zunächst eine Großpackung Papiertaschentücher, die Sie mit einer roten Schleife versehen haben. Nehmen Sie ihn dann liebevoll in den Arm und flüstern Sie ihm zärtlich ins Ohr: »Du bist mir scheißegal, du bist mir scheißegal! Tralala!« Was Musiker können, können Sie schließlich schon lange. Oder frei nach Zlatko: »Du wirst mich vermissen wie die Hölle! Aber das Leben mit dir war die Hölle, Hölle, Hölle!«

Werden Sie auf keinen Fall weich, wenn nun die ersten Tränen kullern. Sie kennen diese Versuche, Sie zu erpressen. Erzählen Sie ihm vielmehr, dass Sie nicht mehr mit ihm zusammensein können, weil er Sie so grundsätzlich belogen habe. Sie hätten nun alles über seine Tränendrüsen-Überfunktion erfahren und hielten es nicht mehr aus, dass er seine Krankheit Ihnen gegenüber so schamlos ausnutze.

Während er nun beim Augenarzt ist, können Sie in aller Ruhe Ihre Koffer packen. Beim nächsten Mann sollten Sie allerdings vorsichtiger vorgehen. Testen Sie ihn mit verschiedenen Liebesfilmen: Bleiben seine Augen trocken, nähern Sie sich ihm weiter. Vergessen Sie aber nicht zu prüfen, ob er eine Tränendrüsen-Unterfunktion hat.

Der dudelnde Hausmusiker

Männer mit Gitarre haben etwas, das andere Männer nicht haben: eine Gitarre. Ebenso verhält es sich mit Männern, die glauben, andere Instrumente wie Klavier, Klarinette, Tuba, Geige oder gar Trompete zu beherrschen, das heißt: spielen zu können.

Solche Männer haben noch etwas: Sie wirken erotisch. Als Sie ihn zum ersten Mal sahen, zupften seine musikbegabten Finger zärtlich die Saiten seiner Gitarre oder berührten sanft die Tasten eines Klaviers. Oder aber sein Mund schloss sich sinnlich um das Mundstück eines Blasinstrumentes. Seine Musik ging Ihnen durch und durch und Sie wünschten sich nichts sehnlicher, als ihm Stund über Stund zu lauschen und ihn wirklich kennen zu lernen. Irgendwann sangen Sie selbst im Schlaf noch seine Lieder. Dann hat er es wirklich getan, er sah Ihnen tief in die Augen und sang oder spielte nur für Sie. Was für ein Gefühl! Ein trügerisches.

Damals wussten Sie noch nicht, dass solche Männer immer Publikum brauchen und ohne Musik, möglichst selbst hergestellte, verdorren wie eine Blume ohne Wasser. Sie merkten das erst nach einigen Wochen des Zusammenlebens? Was ist denn passiert?

Sonntags morgens um sechs Uhr dudelte zunächst das Radio, ab circa acht Uhr übte er auf seinem Instrument neue Stücke ein, um elf Uhr schaltete er den Fernseher ein, um sich die neuesten Musikvideos anzusehen (er könnte sie ja nachspielen und tut es oft auch dabei), eine Stunde später ist er mit seiner Band zum Üben verabredet oder tirilliert im Kirchenchor (endlich Ruhe). Zum Kaffee gibt es Klassik, danach ein wenig Pop, Rock, Folklore – und so geht es weiter bis Mitternacht. Mindestens hundertmal täglich spielt er das gleiche Stück, weil Übung ja bekanntlich den Meister macht. Selbst auf der Gästetoilette hängen Lautsprecher, selbst das Auto ist mit einer Stereoanlage vom Feinsten ausgestattet.

Früher einmal mochten Sie Musik. Heute aber bekommen Sie schon Schreikrämpfe, wenn das Telefon schellt, weil Ihr Schatz sofort »Kling, Glöckchen, klingelingeling« singt. Sie wünschen sich mittlerweile nichts sehnlicher als Ruhe und haben eine Allergie gegen Oropax entwickelt? Da gibt es doch zwei Möglichkeiten.

1. Mit Tinnitus ändern

Sie besitzen doch ein Brotmesser? Damit kann man Gitarren oder Geigen herrlich ansägen. Noch besser geht es natürlich mit einem Fuchsschwanz. Hammer eignen sich dazu, den Ton von Blasinstrumenten zu verändern, und ein Klavier benötigt lediglich ein bis zwei Tuben sorgfältig zwischen den Tasten verstrichenen Sekundenkleber, um es zum Schweigen zu bringen. Flöten freuen sich über zusätzliche Löcher, um ganz neue Melodien hervorzubringen usw.

Seien Sie kreativ. Schaffen Sie Neues. Was ist schon Free Jazz gegen Ihre Erfindungsgabe! Ganz sicher wird Ihr Liebster dem Problem nicht sofort auf die Spur kommen. Greifen Sie Ihrem armen Schatz dabei unter die Arme, zu erkennen, dass es Menschen gibt, die plötzlich unmusikalisch werden: Melden Sie ihn beim Ohrenarzt an. Vielleicht kennen Sie ja einen, der eine Musikterroristin daheim beherbergt und Ihrem Hausmusiker Ihnen zuliebe bescheinigt, dass er ein nicht mehr zu behebendes Gehörproblem hat. Auch ein kleiner initiierter Tinnitus – »Piep, Piep, Piep« – mittels heimlich installierter Geräte könnte dazu führen, dass er einmal ganz froh über ein wenig Ruhe ist.

2. *Unmusikalisch trennen*

Zerlegen Sie alles, was mit Musik zu tun hat, also den CD-Player (Stecker herausziehen nicht vergessen, sonst trifft Sie der Schlag), seine Instrumente und alle anderen tönenden Geräte sorgfältig in Einzelteile. Füllen Sie diese schön gemischt in unterschiedliche Dosen und vergessen Sie nicht, Strategie Nummer eins ebenso anzuwenden und ihm zu eröffnen, dass Ihnen all diese Schandtaten richtig Spaß gemacht haben. Sie können das Wiederfinden der Dosen oder auch unzerkleinerter Musikgeräte mit einer Art Abschieds-Schnitzeljagd verbinden, falls Sie sich nicht soviel Arbeit machen möchten oder keine Haftversicherung haben. Es wird ihm, so beglückt, sicher eine Freude sein, Ihnen ein Abschiedsständchen zu singen.

Nur keine Hemmungen, nehmen Sie sich ein Beispiel an der französischen Kurtisane Ninon de Lenclos, die äußerte: »Ich habe an den lieben Gott eine einzige Bitte: Mach einen anständigen Menschen aus mir, aber niemals eine anständige Frau!«

Schnelltest-Register

Ist er ...

Ist er ein ...

Hat er ...

Liebt er ...